日式生活 × 關鍵字 80+

80+

日本人の生き方

矢澤豐　Yutaka Yazawa 著　潘昱均 譯

How to Live Japanese

Part 1	日本各地區	8
	關東地方	10
	京都	12
	大阪	15
	東京	16
	北海道	21
	九州	22
	東北	24
	沖繩	25
	東海地方	28
	中國	31
	四國	32
	紀伊半島和其他「能量景點」	35
	甲信越	36

Part 2	日本文化源流	38
	地理環境和人	40
	女人	42
	元始之初	44
	靈修與宗教	46
	天皇	50
	武士	55
	侘寂	56
	生命的意義	60

Part 3	文化、藝術和風尚	62
	現代文學	65
	無法直接翻譯的詞彙	66
	源氏物語	71

目次 Contents

俳句 73

和歌：詩歌也是一種社交技巧 74

歌舞伎 76

能樂 78

建築之美：從神社、寺廟到宮殿 80

名流文化 84

和服 86

原宿女孩 89

清涼商務與溫暖商務 90

忍者 92

匠人國度 94

陶器 97

金繼 99

機器人 100

Part 4 餐桌上 104

茶的影響 106

日式高湯：萬物的鮮味來源 109

清酒：舊飲料，新產業 110

魚素日本 112

從速食到主餐 114

外國食物本土化 117

為什麼日本有這麼多
米其林星星 118

和牛：被誤導的癡迷 121

日本威士忌 123

爐端燒與鐵板燒 126

Part 5 戶外活動 128

登山 131

領養來的國球：棒球、足球…
還有橄欖球？ 132

相撲：對大塊頭的讚揚 135

去京都吧！ 138

溫泉 141

帶我去滑雪 142

星期天司機的減少和
地獄中年天使的崛起 145

釣魚 146

山人 149

Part 6 室內生活 150

圍棋：日本溫布敦 152

將棋：日本象棋 155

武術 156

從任天堂到最終幻想 158

從黑澤明到吉卜力工作室 160

古典音樂 163

日本爵士樂 164

繭居族 169

Part 7 家庭生活與生命里程碑 170

誕生，日本式分娩 172

小孩命名 174

教育，如何戰勝日本學校制度 178

日本人如何談戀愛 180

婚禮和婚姻 183

便當戰爭 187

如何做便當 189

離婚 190

如何活到一百歲 193

葬禮 194

不做愛但變態，拜託喔，
我們是日本人吔 198

Part 8 假日節慶 200

1月：新年 202

2月：情人節（巧克力公司
如何策動文化政變） 207

3月：女兒節 208

4月：櫻花盛開回到學校 211

5月：男孩節 208

6月：雨季 212

7月：暑假 215

8月：盆祭 216

9月到11月：秋收祭典 219

12月：歲末 220

前言 Introduction

　　即使對日本人來說，東京也是大到驚人的地方。這個城市的正式名稱是東京都，光是東京都就有1300萬人，加上緊鄰的通勤地區，人口直逼4400萬。在城市巨大化的時代，東京無疑是最大的巨型都市。

　　當我從海外回到家鄉東京，總是訝異怎麼清一色全都是日本人。這聽起來似乎本該如此，但當我們習慣了世上其他大城市在種族、文化、美學上呈現多樣性，東京相對就缺乏這種多元面向，至少一眼看去就是如此。也許中國的城市在種族同一性上還有點接近，但在東京，視覺的統一性會吞噬你。尤其在繁忙的通勤時間，呈現一種大範圍的幽閉恐懼，這是在日本遇到的第一個矛盾。看起來相同的東西可能有上百萬種不甚明顯的個別差異，在這裡，多樣性埋在深處，只是細微。

　　東京是相對年輕的城市，建於1603年，從一介江戶村落開發成德川幕府（當時新的軍政府）的首都，而日本天皇仍住在正式首都京都。為了因應人口增加，江戶進行大片土地開墾，改建主要河流及引水渠道；大型工程建設帶來進步，江戶城因此蓬勃發展。但是江戶城，也是後來的東京，不斷受到大火、地震的磨難，然後是更多大火、更多地震，還在二次大戰期間遭受美軍地毯式的炸彈襲擊，這也不過是最近的事。

　　幕府最終失敗，天皇來到空蕩蕩的江戶城暫居。而京都，這座從西元794年以來作為首都的城市，仍等待天皇的歸來。

　　事實上，東京是世上最重要的「廢棄物再造城市」。其中東京塔是最具指標性的戰後建築，它是用韓戰打完、美國人不想運回去的薛曼坦克車做的。這就出現了另一個矛盾，在日本，看起來舊的東西是新的，反之，新的東西也是舊的。

　　當然，東京只是日本的一部分。日本國土超過70%是山，三分之二的地區被森林覆蓋，大自然以週期性的颱風和多到不會怕的地震顯示它的存在。舉世聞名的新幹線子彈列車在富士山前射過，富士山是日本眾多火山之一，算是活動的休火山，或休眠的活火山，分類取決於你請益的地質學家。儘管日本擁有世上最先進的科技，但日本人對周遭環境仍是又敬又怕。日本沒有發生歐洲式的宗教發展，但是神道教相信的萬物有靈論仍然存在於古老原始的日本元素中，就像宮崎駿的吉卜力工

作室創作的動畫，你可以在這些電影裡看到類似的例子。

書中內容是我個人對這些矛盾做的主觀詮釋，一個主題一個主題地談，深入解析你眼中的日本印象，給你一種「3D」感，呈現真實的日本。

既然是個人意見抒發，我大方承認我的詮釋未必沒有來自成長與經歷的主觀評價。坦白從寬，我會一開始就先說清楚。我在1970年生於東京近郊，19歲前都住在東京，自然比生活在鄉下或縣城的人偏向東京作風。所以若你覺得我在描述東京之外的各府縣市鎮時帶著複雜的優越感，你是對的，因此對我有些介意也難免。我成年後的大部分時間都住在國外，在英國住了11年，香港待了9年，紐約住了一年，42歲才回日本。因此，至少我能分享一些非日本人對我國的看法。

你也許覺得我對日本社會某些面向批評過於嚴厲，對此，我有兩個回答。第一，不要誤會，我愛我的國家。然而，正如非裔美籍民權人士麥爾坎·X（Malcolm X）說的，不該被愛國心蒙蔽雙眼而對現實視而不見；但如果把道德判斷放在家國之愛後面，的確也有些不對。在寫這本書時，我試圖既忠於自己的價值觀，也忠於感性層面，就這個意義上，這些意見確實是很個人的。

其次，我相信現代日本人在本質上是會自我批判的，也因此通常也缺乏安全感。這是自始以來在歷史上就能看出的特性。我們的國家一直由武士治理，對外人採取封閉態度，這些武士理應有超乎常人的勇敢堅強，但他們對「黑船」一點抵抗能力也沒有，黑船先從歐洲、後自美國而來，迫使日本打開門戶，舊秩序崩解。

美國的船於19世紀抵達，以悠長歷史來看，那幾乎只是昨天的事。從那時候起，在西方帝國主義的陰影下，我們自問，是否已經「夠好到」能靠自己站起來。在兩次原子彈爆炸和二次世界大戰失敗後，這個問題又重新燃起急迫感。而近期，鄰近中國的崛起更彰顯這個問題的重要。我們是一個把提升自己當成義務且執著力行的國家，不安全感深深沁入我們性格的核心。

除了上述之外，你也許會發現其他我沒有注意到的特徵。對我個人的觀察不足，我先感謝你的大度能容，也希望你能在接下來的文章中發現有用的訊息。

Part I

日本地區

Areas of Japan

Okinawa region

沖繩地方

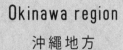

Chūgoku · Shikoku regions

中國 · 四國地方

Hokuriku region

北陸地方

KYOTO 京

大阪
OSAKA

Kyushu region

九州地方

近畿地方
Kinki region

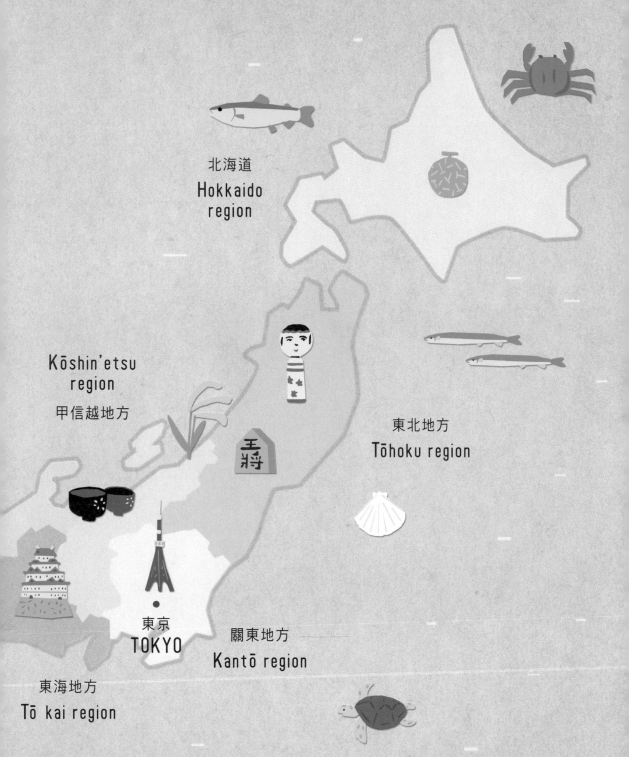

北海道
Hokkaido
region

Kōshin'etsu
region
甲信越地方

東北地方
Tōhoku region

東京
TOKYO

關東地方
Kantō region

東海地方
Tō kai region

關東地方 Kantō

　　關東是東京周圍的區域，由七個行政區構成，包括：東京都、神奈川縣、千葉縣、埼玉縣、群馬縣、栃木縣和茨城縣。它位於舊都京都的東邊，「關東」這名字的意思是「關所之東」[1]，有時也叫做「坂東」，是「斜坡東邊」的意思，因為從京都來的旅人在越過中部山區往下走時，迎面會看到大片沼澤平原。

　　關東是武家興盛之地，日本第一個幕府政權在12世紀建立，將首府設在今日神奈川縣的鎌倉市，開始日本長期的東西爭霸。相對於關東與坂東，人們將京都（以及之後的大阪）一帶稱為「關西」，意思是「關所之西」。到了今天，兩地文化與方言的差異不但沒有弭平，反而更常被突顯。關東人總認為關西人守舊保守，而關西人卻認為關東人既不懂品味又無趣。即使在目前高度同質化的日本社會中，關西人仍堅持和同鄉講家鄉話。

　　我是關東人，在成年前很少待在外地，但我娶了一位關西女子，必須承認第一次聽到她和她的朋友用關西腔聊天時，我還真有一點嚇到。

　　不同處還擴及食物，源自江戶的壽司、天婦羅和蕎麥麵被視為關東食物。關西人總說關東食物太鹹；關東人則抱怨關西食物沒味道。廚藝上的比拚還是要比運動上的競爭要友善得多，進入棒球領域，東京的讀賣巨人隊和關西的阪神虎隊可一直打得很兇。

---

1 譯註：「關所」是設置在交通要道用來抽稅及檢驗貨品的公所，類似今日的海關。江戶時代以「鈴鹿關」、「愛發關」、「不破關」以東為關東。

京都　Kyoto

　　若一城市千年都是首都，就算期間不免興衰起伏，但也不禁讓這城市發展出獨特個性，京都就是這麼一個狠角色。

　　京都，早期稱為「平安京」，當時桓武天皇極欲擺脫立基於舊皇城奈良的權臣與宗教勢力，於西元794年將首都設在此處，定都的選擇關鍵是中國的風水之說。風水講究都城的北邊靠山，東邊傍河，南方有湖，西邊則設主要幹道，而實際上選址於此的主因是水。京都的北、東、西方群山圍繞，可供應豐沛的清水。座落京都東方山崖上的清水寺迄今成為主要觀光景點，從寺名「清水」就可見一斑。

　　作為皇居及行政中心，京都見識過戰亂衝突。當日本大部分地區仍以務農維生（除了東京與大阪之外），京都已是商業中心。因此，京都人就以勢利聞名，總是往強者靠攏，為了自己好活，改變態度決不顧忌。還說京都人有階級意識，心口不一，自以為高人一等，看不起外地人，只會虛情假意。必須說，這些評語非常不好聽。但應考慮的是，這些批評都出自外鄉人，那是他們被古都光華所吸引，卻不免失望而歸時的反應。

　　沒有京都人的守舊和心機，我們也看不到京都古色古香的魅力，不僅是古代建築，而是整個城市氛圍。外來的變革之風無情且狂暴，京都人一直尊古抗今，於是，關於限縮整個城市都市化，以及過程中現代與醜陋的感受衝擊，總會引發討論。對京都的「個性」，我們都虧欠它很多，而且應心懷感謝。

大阪　Osaka

　　大阪位於日本幅員廣大的瀨戶內海最末端，位置在連通京都河川的河口處。15世紀因為神道教（淨土真宗）的重要寺院在此興建而成為重要大城。城寺興盛不僅穩固追隨者的信仰，也帶來城市和港口設施的進步[2]。

　　德川幕府期間，大阪受幕府直轄控制，經由幾代將軍規畫，大阪發展成當時的貿易集散中心。封地領主（大名）以稻米當作稅收，收成的大部分稻米都會流入大阪兌換現金。以致各方領主在大阪都要設倉庫，貿易發達也使得當地商家生意越做越大。統治日本的是江戶德川，而主導市場、抓著武士錢包的卻是大阪商人。

　　1868年，德川幕府在明治維新後落幕，大阪卻持續繁榮發展。商業傳統讓它順利過渡到現代資本主義，引商投資。大阪就像日本邁入現代的實驗室，是第一個將百貨公司連通火車站的城市，之後這種商站規畫成為潮流在日本流行。鐵道大亨小林一三（1873-1957）為了聯繫市中心與市郊新開發的住宅區，在鐵道最末站「寶塚」開了一家溫泉度假中心，為了吸引更多遊客，又成立女子歌舞劇團——寶塚歌劇團，迄今歷久不衰。

　　大阪在1945年遭受美國地毯式的空襲轟炸，從3月至8月間共炸了八次，造成一萬多人喪生。但就像日本其他城市一樣，戰後大阪迅速站起來。

　　在同質化的日本，也許只有大阪人對用自己方言說話自豪，這些方言已進入娛樂業，大阪是「漫才」（manzai）的發源地，它是一種脫口秀，在1980年代大受歡迎。

　　如今，大阪和東京在經濟地位的競爭上，大阪已失去優勢。很多之前立基在大阪的公司都將總部搬到東京，大阪位居老二的日子已有一段時間了。但無論如何，這城市保留了文化與獨特性。商人總把武士管得死死的，日本指望大阪人持續如此強大的傳統，洗去東京的官僚習氣，保留那一份真誠。

---

2 譯註：地位如戰國大名的淨土真宗門主蓮如於1496年從京都本寺退位到大阪興建石山本願寺，開城、建町、設攻防、築水道，成為戰國時代一方之霸的根基地。本能寺之變後原址被豐城秀吉改建為大阪城。

東京　Tokyo

　　1868年明治維新之前，東京一直稱為江戶，是相對較新的日本城市。如果搭乘巴士或計程車繞行東京，就會發現它建在沼澤區。沖積成關東平原的幾條主要河流在此流入東京灣，河口處就形成了這片泥濘沼澤。城市中許多通行道路都建在遮蓋的小水道和河流上，它們是過去的運河。

　　江戶城的生命歷程就如羅馬或華盛頓特區，城市的存在完全取決於它是政府所在地，就如17世紀和19世紀間的德川幕府。

　　這座城市的人口據信在18世紀初已達到百萬，但由於自然災害，這座城市的迅速擴張有其周期性。暴雨和颱風造成的洪水對地勢低窪的江戶來說無疑是毀滅性的災難。此外，建城之初因缺乏適當的城市規畫，也容易遭受大火毀壞。更有甚者，地震也仍然是主要關注議題。無論如何，人稱「江戶子」的當地居民奮力擺脫杞人憂天的態度，選擇活出希望，而不願活在恐懼裡，就當恐懼是應該忍受的情緒。

　　當幕府在1868年因明治維新而結束，江戶的未來似乎也隨之終結。但是明治天皇和顧問大臣決定將天皇居所從京都遷到江戶，同時也將江戶的名字改為東京，意謂「東方京城」，這讓京都人民到現在都深感不滿。東京成為擁護西方文明價值觀的新日本首都，持續蓬勃發展。商業總跟隨政治發展，辦公大樓和郊區開始擴展，甚至遠超之前的都市範圍。

　　東京在20世紀遭受巨大挫折，1923年的大地震造成將近15萬人死亡和大規模的毀損。1944和45年的美國空襲造成十萬人喪生，至少百萬人流離失所。然而，東京重新站起來並開始重建。今天，東京都會區擁有超過1350萬人口，且在持續增長，而全日本的人口水平卻在下降。

　　東京鐵塔是現代城市中最具指標性的建築之一，看來像是橘色艾菲爾鐵塔的建築，落成於1958年，這座332.9公尺的建築是用韓戰後美國人留下的坦克廢鋼建造而成。我喜歡向美國遊客指出這一點，告訴他們「這就是和平的成就」。

　　即使對於我這種本地人來說，東京也是個魅力無限的城市。在過去的一百年間，隨著都市化的迅速發展，東京變得非常巨大。如今，它正試圖藉著全球化和亞洲起飛帶來的能量，聚焦發展成國際大城。許多英國人總說倫敦不太英國；美國人也說紐約不夠美國。但無論日本去向何方，東京永遠很日本，也永遠領導日本。

北海道　Hokkaido

　　北海道是日本群島最北端的島嶼，是島上原住民愛努人的家，早在有歷史記載前他們就定居在島上。後來來了日本新移民，愛努人抵抗他們的文化、政治和種族融合——以及統治。1669至72年，曾發生愛努族起義對抗日本統治事件，稱為「沙牟奢允之戰」，沙牟奢允是領導起義的愛努酋長的名字。

　　由於俄羅斯帝國向東擴張，北海道引起日本中央政府的注意。18世紀末，德川幕府下令對地理細節尚不清楚的北海道進行勘測（除了蠣崎氏族治理的南端之外）。北海道的地圖是由伊能忠敬（1745–1818）在1816年完成的，探勘計畫歷時約16年，調查期間在各個地點都遇到了俄羅斯同行，顯示此地的邊境爭端已然開始且持續到今日。

　　19世紀中葉，明治維新下的新政府持續德川幕府的政策，藉著補貼，鼓勵農民拓荒定居北海道。最後，在眾人努力下，爛泥沼澤與荒涼大地變成農田。如今，北海道是美食家必定拜訪的熱門景點，就像因為啤酒而受到大家關注的札幌啤酒廠。

　　由於北海道在歷史上缺乏政府干預和相對較新的農業計畫，島上風景並不像日本其他地區。它的地域寬廣、天空遼闊與典型的日本鄉村風光大不相同，帶著真實的邊疆氣氛。

　　1980年代，一個以北海道為背景的電視連續劇爆紅熱播，將北海道的邊疆風光強力放送到日本各地。《來自北國》（北之國から）講述一個農民在北海道的奮鬥故事，他的妻子跑了，他帶著兩個年幼孩子來到北海道墾荒，與北國種種刻苦條件對抗過活。北海道以外的人都確信這種北國印象，認為北海道的環境刻苦，生活艱困。因此，當澳洲和中國遊客將北海道的形象從刻苦的邊陲地域變成滑雪者的夢幻雪場天堂時，日本人都感到非常驚訝。

九州　Kyūshū

九州是日本群島的四大島嶼之一，由七個縣組成，分別是：福岡、佐賀、長崎、熊本、大分、宮崎和鹿兒島。

九州北部（主要是福岡和長崎）一直是日本通往外界的門戶，是距亞洲大陸最近的地方。京都的中央政府自七世紀以來就在今日的福岡縣設置大宰府（Dazaifu，後稱太宰府）責成處理外交事務，接待韓國和中國使節。

長崎的海岸複雜程度堪比挪威，為船隻提供海港，也為13至16世紀襲擊中國沿海的海盜提供一處天堂。葡萄牙人於16世紀中葉抵達，長崎成為日本與歐洲貿易的樞紐。但因葡萄牙人從事天主教的傳教工作被日本禁止前來，之後就由荷蘭人壟斷日本與歐洲的貿易。長崎附近的人造島「出島」成為鎖國期間日本唯一與外界的聯繫，直到19世紀中期再次開放前皆如此。此外，普契尼歌劇《蝴蝶夫人》的時空背景就是20世紀初的長崎。

對比商業區和工業區，九州的其他地區多為農村，還有一些以工廠為中心的小鎮。從九州中心到最南端鹿兒島縣的櫻島是活火山區，這些火山為當地提供絕佳的自然景觀、溫泉勝地，也有偶發的自然干擾。九州最著名的火山是阿蘇山和櫻島山，至今依然活躍。

鹿兒島市以前稱為薩摩，有種蜜柑也以薩摩為名[3]，它是明治維新革命者的溫床。櫻島的火山活動總是會讓人想到鹿兒島人的火爆脾氣。

---

3 譯註：日本應仁年間日僧至中國取經，回程將溫州蜜柑引入薩摩島種植，到了明治維新時期，再由薩摩島傳入美國，所以歐美將蜜柑稱為薩摩。

東北　Tōhoku

　　東北地區延伸到關東地區的北部，分為六個縣，包括：青森、岩手、秋田、秋宮、宮城、山形和福島。Tōhoku的字義是「東北」。

　　自從七世紀京都成立中央政府以來，東北地區的主權歸屬就一直很曖昧，有幾個因素支持獨立的力量。第一，那時的東北人與原住民的關係更緊密。其次，東北地區產金。你依然可在著名佛寺「中尊寺」的「金色堂」中見到黃金交易的遺留物，那是一座裡裡外外都貼上金箔的金色佛堂。

　　東北獨立行動完全投降是在關東武士入侵後。武家之主源賴朝（1147–1199）集結關東武士，1189年入侵東北，將東北納入統治。德川幕府倒台後，零星的小規模衝突依然持續，到了1868和69年，短暫而殘酷的反抗也結束了。但舊傷口需要時間才能癒合，尤其在這個以長冬厚雪聞名的地方。

　　如今，東北地區也許是日本旅遊保存最完好的祕境，擁有最嘆為觀止的自然風光、一流的清酒釀造廠和令人著迷的古老神社，就如出羽三山[4]，自古以來這裡就是參拜聖地。東北當地祭典非常壯觀，例如「青森睡魔祭」、宮城的「仙台七夕祭」、「秋田竿燈祭」，還可以去福島看「相馬野馬追」，見識武士騎馬全速馳騁。

　　東北人對家鄉的愛與驕傲是如此熱情真誠，這種愛幾乎有傳染力，使得2011年的福島核災更讓人心疼，所幸狀況得到控制，但需要很長時間才能復原。為了善後，長久以來人們不斷努力，他們的勤奮和韌性再次證明了東北人的精神。

---

4 譯註：出羽三山位於山形縣，是月山、羽黑山、湯殿山的總稱，三座山上各有神社，自古就是修行者必至的參拜場所。

沖繩　Okinawa

　　日本群島和台灣間的島嶼形成一條「虛線」，沖繩是這條島鏈中最大的島。沖繩也是縣名，幅員遼闊，南北距離約為400公里，東西距離約為1000公里。當然，全境主要是海洋，150多萬縣民有90％生活在主島上。

　　當地氣候屬熱帶氣候，海灘美麗，珊瑚礁風光無限。簡言之，除了一些討厭的颱風定期沿著島鏈來拜訪，這裡就是天堂，但歷史對這個如詩般的恬適小島並不友善。

　　15世紀，國王尚巴志（1371–1439）統一各島上的各個部落。眾所周知，琉球王國的興盛是因為她是中日間的貿易轉運港，為了維持貿易關係，沖繩與中國明朝一直維持鬆散的附庸國關係。

　　德川幕府初期，薩摩藩主入侵沖繩，展示武力，攻擊迅速且戰況一面倒。最後，沖繩成為對日本也對中國的雙重朝貢國，由薩摩控制沖繩的中間貿易。中國清朝（1636–1911）對海外事務漠不關心，且薩摩對沖繩島的經濟控制抓得又嚴又緊，沖繩轉向日本。最終，日本完全併吞沖繩島，結束獨立的過往，但給島嶼帶來現代化。

　　第二次世界大戰期間，沖繩島是太平洋戰區中最猛烈的戰場之一。冰山行動開始於1945年4月1日，約有55萬名美英士兵對沖繩島進行了兩棲攻擊，當時守在沖繩島上約有116,000名日本士兵。戰事在三個月後結束，日方死了18萬人，其中一半是平民。

　　戰後沖繩群島納入美國管轄近30年，直到1972年返還日本。但美國人並沒有撤離，沖繩成為後來韓戰（1950–1953）和越戰（1955–1975）的美軍基地。如今島上還有15％的地區被美軍占據，加上26,000多名服務人員駐紮，可以理解為什麼沖繩人希望減緩當地緊張局勢。

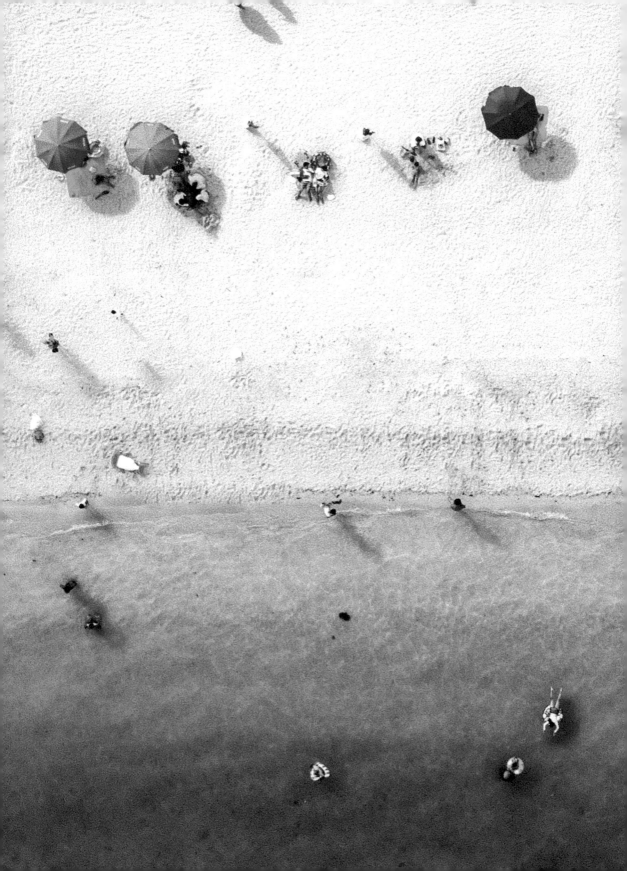

東海地方　Tōkai

東海地區包括愛知縣、岐阜縣、三重縣和靜岡縣，除了岐阜在內陸外，其他縣都面向太平洋。

東海是指「東方之海」，名字來自京都通往江戶的古道——「東海道」（東方海岸線）。

三重縣的伊勢與現今東海最大城名古屋有渡輪來往。伊勢最有名的是伊勢神宮，它是所有神社之母，供奉天照大神，自遠古以來即受祭拜。

伊勢另一端的名古屋是近代著名古都，位於日本阿爾卑斯山[5]流下的三河河口，17世紀擴建防洪工程將河口沼澤變成能夠居住，沼澤地上就建了名古屋。無論從日本東部或西部算來這裡都是日本中心位置，因此居民與東京和關西的關係都很密切。汽車製造大廠豐田的總部位於附近，因此名古屋也暱稱為「豐田鎮」。有人說名古屋的道路如此寬，是因為豐田的堅持。這應該不是真的，除非豐田曾計畫推出「美式大車」，但他們從沒有這樣做。

靜岡市地域遼闊，最東端到最西端距離155公里。若你要從東京去名古屋或去更遠地方，上了高速公路穿越山口，在開往靜岡的路上，富士山雄偉聳立在北面，景觀實在讓人興奮。然後，你會意識到這條路沿著海岸線不斷向前，而你仍在靜岡，最後富士山慢慢消失在視線中，心中卻對這消失滿懷感念。

靜岡乍一看似乎很鄉下，但它其實是世界知名摩托車製造商的所在地，例如本田、山葉和鈴木。山葉原來是一家樂器製造商，至今也賣樂器，它的競爭對手河合鋼琴也在靜岡。

東海陽光充足氣候宜人，以茶葉、蜜柑和鰻魚聞名。名古屋有非常出名的烤鰻魚飯。但我個人就敬謝不敏了，身為東京人，我還是喜歡我們東京人的料理方法。

東海地區因交通要道而得名，我覺得道路收費員一定常常抱怨：每個人都有地方去，怎麼就只有你沒有呢！

---

5 譯註：日本阿爾卑斯山是中部飛驒山脈、木曾山脈和赤石山脈的總稱，由19世紀英國工程師戈蘭德登山後命名。

中國　Chūgoku

　　中國地方位於關西西部，看起來有點像日本最大島本州連著的一條尾骨，包括五個縣，分別是：鳥取、島根、岡山、廣島和山口。

　　中國地方被東西向的山脈從中間切成兩半，以致這地區南北景觀有很大不同。岡山縣和廣島縣的南邊面臨瀨戶內海；鳥取縣和島根縣的北邊面向日本海。山口縣和最西端下關市的發展因為海關所在，負責船隻從外海進出瀨戶內海的稅務。

　　山口在江戶時代稱為長州，與薩摩一起是推翻德川幕府的主要藩屬，由此可知此地上溯至明治維新的悠久政治傳統。日本首相安倍晉三及其家人都出身山口縣。

　　廣島市是中國地區最大城市，聞名國際，但令人難過的是，聞名的原因是它與長崎同樣是二戰期間被原子彈炸毀的城市。它成為轟炸目標的主要原因是它供給附近重要海軍港口吳市物資。廣島的造船和航運業蓬勃發達，同時也是汽車製造商馬自達的家。

　　岡山縣可能是日本最宜人的地區。從歷史上看，颱風地震發生次數比日本其他地方都少。這裡還有風景如畫的倉敷市，一排排的日式舊倉庫是此地航運業發達的另一證明。

　　現在看來鳥取縣和島根縣有些偏僻，但在遠古時代，它們卻因為靠近大陸而地位重要。出雲大社（官方名稱為Izumo Ōyashiro）位於島根縣的出雲市，供奉大國主大神。

　　島根縣很出名的還有石見銀山的銀礦，據說在16和17世紀，世界有三分之一的白銀都是日本生產的，其中大部分就產自此礦山。如果有人急著想分一杯羹，我必須警告你，目前礦山停產也關閉。然而，在耶穌會士潦草的亞洲地圖中卻寫著「石見」二字，無論在祕魯還是在日本，耶穌會士既渴望宗教追隨者，也渴望世俗財富。

　　鳥取市是日本人口最少的縣，因此很榮幸成為日本唯一沒有星巴克的縣，直到2015年星巴克在此地開了分店，才不得不放棄頭銜。鳥取市以大型沙丘聞名，鳥取砂丘的長度在海岸線可延綿16公里。

四國　Shikoku

　　日本群島有四大主島，四國是其中最小的島嶼。它就像拼圖一樣，被放在本州和九州西邊尾端的角落，南邊面向太平洋。四國意思是「四區」，顧名思義，由四個縣組成，分別是德島、香川、愛媛和高知。

　　四國在歷史上一直是貴族的流放地。雖然今天從京都到香川僅需三個多小時的車程，但這些藍血貴族養尊處優，生活形式無非只在誘發糖尿病，香川對他們來說無疑是另一個世界。

　　但香川其實是陽光明媚的美麗地方，也是日本早期佛教著名領袖空海（774-835）的出生地。這個地方用小麥粉做的烏龍麵很出名，它的舊名「讚岐」對整個日本來說就是麵的代名詞。

　　德島位於四國的最東端，面對連接太平洋與瀨戶內海間的海峽，海潮漲起消退在德島海岸附近形成著名的「鳴門漩渦」。漁業是這地方的重要產業，最有名的是當地生產美味的鯛魚。據說德島鯛魚一定逆流而上，所以肉質才更加美味。

　　愛媛縣位於四國的西北角，此地曾有海盜占據海道作亂，直到15至17世紀戰國時代後才止歇，他們的基地就設在愛媛的沿海城鎮和附近小島上。這個地方氣候溫和陽光普照，以生產各種柑橘水果聞名，尤其是蜜柑，在英語世界裡蜜柑多稱為橘子。收成時間通常在11月和12月，幾個世紀以來一直是冬季時維生素C的重要來源。

　　高知縣位於四國南部，延伸到整片南部海岸線，面向太平洋。四國向來被視為流放地，高知則是流放者流亡的最終站。最著名的是明治維新前著名的革命家坂本龍馬（1836-1867），他成立日本第一家現代化的私營海軍／貿易公司[6]。他的人生之所以不朽是因為一部極受歡迎的小說《龍馬行》（竜馬がゆく），這本小說出自司馬遼太郎（1923-1996）之手，1962年開始在日本《產經新聞》連載。司馬筆下的坂本深入人心，很有影響力，還在高知海灘旁立起巨大的坂本雕像，每年朝聖者不絕。

---

6 譯註：江戶末期神戶海軍操練所解散，坂本龍馬集結解散武士成立「龜山社中」以海防武力保護商船兼練兵，後
　得到土佐藩的金援改名為「海援隊」，為日本第一家有限公司。

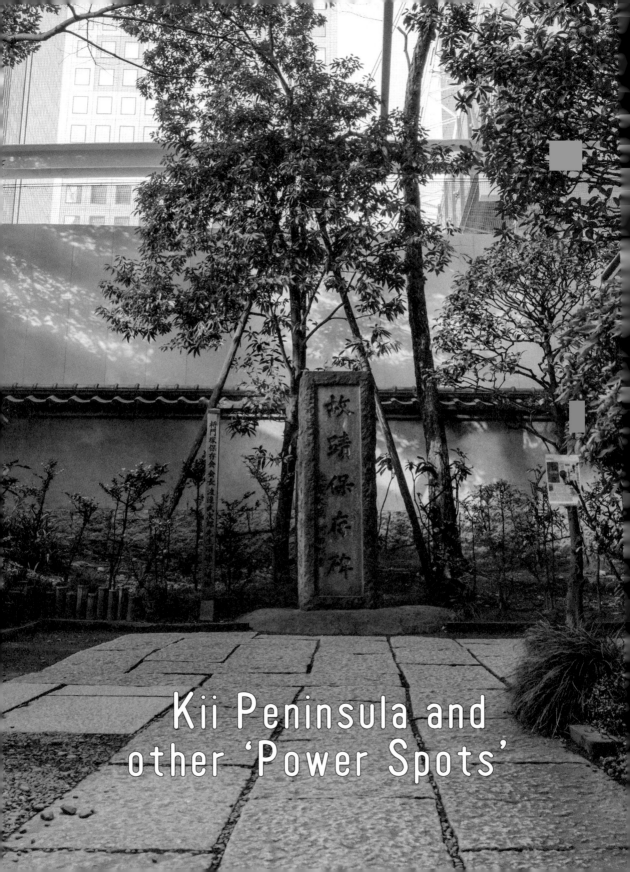

Kii Peninsula and
other 'Power Spots'

紀伊半島和其他
「能量景點」

　　日本國內旅遊的最新流行是造訪所謂的「能量景點」（Power Spots），也就是人們認為帶有吉祥氣場的歷史名勝或自然美景。看過這些好山好水，也許可以讓遊客得到正能量的加持。

　　位於本州的紀伊半島可能是最熱門的能量景點之一，它是大阪和奈良南方的大片土地，形狀像孕婦肚子一樣伸向太平洋。世人相信它是古時候巨大火山活動的遺跡，因為它就位在斷層線上。

　　紀伊的位置和奈良、京都等政治中心靠得很近，但由於這裡是茂密雨林聚集的荒野，山巒高低起伏層層疊疊，逃亡者自然會把此地當成目的地。傳說中的第一代天皇神武天皇行軍到奈良，據說就被盤據在當地的部落打敗，一行人坐船繞到紀伊半島，在今天的熊野市上岸，再次進軍奈良取得勝利。

　　這條從熊野出發的古道已成為朝聖之路，被聯合國教科文組織列為世界遺產。

　　很明顯，富士山是另一個能量景點，但如果沒有適當計畫和訓練，並不適宜登山。九州南端的屋久島因為有原始雨林和參天古杉，也極受歡迎。奈良古都也同樣吸引很多能量景點的狂粉，他們堅決相信，作為古都，那裡一定有某種神祕力量。奈良附近還有幾座小山坡也有聖山之名。

　　對於無法遠離東京的人來說，城中商業區也有著名的「能量景點」。「平將門首塚」據信是10世紀反叛武士平將門的頭顱埋葬地，死於940年的平將門出身地方領主，打下整個關東自立為新皇。後來他在戰役中身亡，頭顱遭割下，送往京都示眾。根據傳說，他的頭顱像火箭一樣飛越天際，落在今日的「平將門首塚」的所在地，墓塚樹立到今天。

　　由於它正處於商業區中心，為了發展開路，試過很多次要搬除這個歷史遺跡。但每次嘗試都遇到災禍，因此人們開始相信這個地方一定受到強大神祕力量的保護。據說在長途旅行前來平將門首塚參拜會有好運，據說平將門的神靈可以保佑你平安歸來。誠摯期望回來的是你整個人，而不僅是你的頭。

甲信越 Kōshin'etsu

　　甲信越是個次區域，取自三個縣的古名：甲斐（山梨縣）、信濃（長野縣）和越後（新潟縣），「甲信越」這個名稱即取自這三地的第一個漢字，「甲」、「信」、「越」。

　　這一區的地理區塊非常大，但大多是山，可供居住的土地非常有限。山梨縣基本上是盆地，北、東、西都有山脈環繞，南側被巨大的富士山封住。因為這種地理環境，2014年一場大雪讓山梨縣與外界隔絕。但看到日本精神的真實展現，大多數大型超市和連鎖超商正面迎戰自然災害帶來的挑戰，即使後勤補給困難，就算動員直升機空運物資，商店也要競相開門營業。山梨縣的土壤並不是天生肥沃，因此，在農業傳統上就以能夠增值的農產品表現出色，例如水果和最近的葡萄酒。從春季到秋季，只要是收成季節，農民在週末就會開放果園讓遊客自己採草莓、桃子和梨。

　　長野縣夾在飛驒山脈和赤石山脈間。主要城鎮散布在貫穿全境的信濃川沿岸，地形南北狹長。因為遠距和丘陵阻隔了境內人們的互動，長野人因自豪與家鄉的凝聚力而出名。長野也是1998年冬季奧運會的主辦地，更為人知的是這裡有結合一流溫泉的滑雪度假村。緩緩升向藍天的山坡就像被凍住的白色火焰，美得令人屏息。就像山梨縣一樣，長野縣也生產附加價值高的農產品，蘋果就因為汁多味美而備受推崇。小布施的栗子甜點也值得一試。

　　新潟縣朝北拱起，面向日本海。不像山梨縣或長野縣，新潟縣土地肥沃，有多條河川貫穿陸地流向大海。因為灌溉便利，新潟是日本稻米產量最豐盛的地區之一，新潟魚沼地區種出的稻米屢次贏得大獎，享譽全日本。有了好米、好水，自然聚集了清酒釀造商，這裡的冬月寒冷更有利於清酒釀造。新潟縣也包括佐渡島，漂浮在離海岸不遠的日本海上。17世紀初曾在佐渡島發現黃金，豐沛的產量讓整個江戶時期維持經濟穩定。在產量最盛期，每年可產400公斤黃金，直到1989年停止生產。

栗鹿ノ子

栗羊羹

Part 2 日本文化源流

What Makes the Japanese

地理環境和人

　　日本人相信氣候變化。如果海平面沒有上升淹沒土地，把亞洲大陸和之後會變成日本的島群分開，你仍然可以從韓國走到日本。沒錯，你還可以從中國走到韓國。不需要國際關係的博士都可看得出其中意義：地理創造歷史。但地理是否也定義了人？

　　日本位於環太平洋火山帶的西北角，又稱「火環帶」，是太平洋邊緣的一圈地域，這裡的地層板塊因碰撞擠入水下深淵，經常發生地震和火山噴發。日本剛好位於四個板塊邊緣的最上方，在地球科學上，它相當於東京澀谷的十字路口，或者說它是青少年爛痘臉上特別好發的角落。雖說，日本的活火山和頻繁地震很具挑戰性，但這些獨特的地質特徵也使日本各地滿布天然溫泉。

　　從天氣的角度看，日本的天氣呈現多種樣貌，從最北端北海道的嚴冬到南部沖繩有如永夏。然而，我們有一個共同點，日本天氣一直夾在亞洲大陸的大陸性氣候系統和太平洋的海洋氣候系統間，天氣變化多端。大家都知道，多半在夏季高溫後，我們就暴露在強力颱風的危險中。

　　我們已經料到經常會有突如其來又沒有任何預兆的劇烈氣候變化。《紐約時報》的影評人史考特（A.O. Scott）就曾說過，日本虛構的怪獸哥吉拉是我們對自然力量崇敬的縮影，那是人類無法控制也無法理解的部分。我認為他說到重點了。到頭來，大自然是無法馴服的。出於對她的恐懼和崇敬，我們變得宿命。

　　另一方面，我們學會享受一次次自然災害間的靜謐。活在恐懼裡的人生怎會是幸福人生，就因如此，我們變得更愛找樂子，更在乎感官上的愉悅。

Geography and people

女人　Women

「元始之初，女人是太陽。」
平塚雷鳥（1886-1971），日本女權主義先鋒

在六世紀至八世紀所謂的日本古代，很明顯的特徵是社會很容易接受女性統治者。實際上，在七世紀和八世紀間，就在西元645年政變發生前後，日本就有六位女天皇，總共統治了80多年。

甚至在更早的歷史中，日本就有女性統治者。最早的紀錄來自中國曹魏（西元220-265）的官方編年史[7]。其中日本被描述為由鬆散小國組成的聯邦國，其中最大的國家為邪馬臺國（或稱大和），由神道教女皇卑彌呼統治。之後繼任者為男性，並不受擁戴，引發繼位戰爭。最後改立卑彌呼的女兒臺與登基為女天皇，結束了動盪時期。

中國的文獻中還提到日本人臉上有紋身，愛喝酒（即使歲月荏苒，此事依舊），社會並不淫亂，但即使是窮人也有兩三個妻子[8]。在這種一夫多妻的社會背景下，令人驚訝的是，古代日本人仍然接受女性統治者。

這也許是因為古時候的日本人相信，女性統治者與神靈間的聯繫比男性更為緊密，即使女性統治會增加繼承上的問題，狀況就像英格蘭的「童貞女王」伊麗莎白一世一樣。

最早日本正史的作者毫不費力地認識到，在元始之初的萬神殿中，最尊貴的神祇是女性，這是由於女性精神領袖的古老記憶以及最近出現的女性統治者。在此情況下，他們很自然地宣稱天皇家族來自女神「天照大神」。

武士統治了將近700年後，天皇和皇后被限縮為象徵性角色。但在1867年出現了一個軍事人物：明治天皇。這是有意的，為了與西方帝國主義競爭。照片上日本天皇留著小鬍子，穿著綬帶軍裝，以此形象取信於日本人民。我們依然生活在高度男性主義形象的陰影下，而這相對而言算是現代的產物。

有了這樣的歷史背景，參眾議員如今仍在爭論女性是否可以繼承今日的菊花寶座，這就有點諷刺了。

7 譯註：此為《三國志》，作者認為成書時間在西元280-297年間。《三國志·魏書·東夷傳·倭人》中記載「……南至耶馬臺國，女王之所都……」，「倭國亂，相攻伐歷年，乃共立一女子為王，名曰卑彌呼，事鬼道，能惑　……」後史家考證，耶馬臺Yamatai為大和Yamato的音譯。

8 譯註：《三國志·魏書·東夷傳·倭人》：「男子無大小皆黥面文身……其會同坐起，父子男女無別，人性嗜酒。」「其俗，國大人皆四五婦，下戶或二三婦。婦人不淫，不妒忌。不盜竊，少諍訟。」。

元始之初 In the beginning...

　　日本最初是由各個疏離的部族組成，這些部族各有男主或女主統治，這狀況要到西元645年中大兄皇子發起政變，日本才終於統一。中央集權的國家政府意識到有必要將散居島上的無數部族首領統合起來，而這些部族首領基本上立基在主權屬於他國的領地，部族間山海相隔，領導統治要透過複雜的結盟網絡。如此，需要一個信念體系，一個能共享故事、神話、傳說形式的信念體系，那就是：歷史。

　　新皇政府認知到這種精神層面有助於建立國家，也有人認為，這樣的官方歷史會給政權帶來合法性。所以根據新哲學做事的皇室出版了兩本歷史著作：《古事記》和《日本書紀》，這兩本史書可能是日本現存最古老的典籍了。它們本質上是古代故事選集，故事經過世世代代口語流傳，被專業的記述者記在腦中，再經他的口記錄下來。當然，《古事記》和《日本書紀》的編輯所做的不只是收錄古老傳說，他們把收集到的故事加以**編輯**，從創世神話到過去不久的事件，完美結合皇室血統與統治日本的合法性。

　　官方的「歷史」說，皇族是神道教最高神祇太陽女神——天照大神的後裔，天神與天族後裔是天津神（或稱天神），祂們從天國降臨日本，並不知道地上已經有神。占據地上的是國津神（或稱國神）一族，此族首領別名太多，方便起見統一以大國主稱呼。

　　一開始天神數次遠征似乎沒有作用，外來神總是被原住神誘惑融入當地一族。經過數次嘗試和一些衝突，中間還包括雙邊武士進行的首次相撲大賽。最後大國主讓渡主權給天照大神和天津神一族，條件是替祂建構地表最大的神社，而出雲大社至今依然屹立。

　　若說大國主讓國是暴力減到最小的和平談判，那也該聽聽猿田彥的神話。猿田彥屬於國津神，守在十字路口等待天津神來攻。據說祂有長鼻子，眼睛圓亮赤紅，與天津神的身形樣貌截然不同。為了確定猿田彥是敵是友，天照大神派舞蹈女神天鈿女命與祂談判，天鈿女命用盡能耐說明來意且引誘猿田彥要祂為新來的眾神提供指引，然後屬於國津神的猿田彥和屬於天津神的天鈿女命就結成夫婦了，猿田彥也成為「道祖神」。如果你知道要去哪裡看，就會在路邊看到祂們小小的神龕[9]。

9 譯註：道祖神為道路之神，神道教將道祖神設在進出村莊十字路口的路邊，多做圓形或方形的豎立石像，代表男
　女性徵。

靈修與宗教 Spirituality

　　佛教傳入日本的過程非常「由上而下」，這是技術官僚移民的外來宗教，受到統治精英強大派系的輔助及鼓動，天皇正式採信。

　　佛教的第一波浪潮在西元752年達到頂峰，當時在首都奈良的東大寺建造了一座巨型佛像。它由青銅製成，高約16公尺，重達250噸。聖武天皇（701–756）是虔誠的佛教徒，下令建造巨型佛陀作為靖安祈福之用，祈求減輕天花流行，平息在他統治期間肆虐日本的天災。他還下令境內各令制國需建造佛寺。然而與其說是傳教，倒不如說此舉是為了建構首都大型工程而做的有效徵稅。當時的佛教與充實政府金庫的關係更密切，而不是拯救靈魂。

　　要填補精神上的空缺，日本人必須等待空海（774–835）。空海是下層貴族佐伯家的兒子，他在佛教中尋找精神成就，而不僅是知識。西元804年，空海千方百計擠進出使唐朝的外交使團作為官派留學生。在中國，他拜在惠果大師（746–805）門下，研究當時佛陀教法中最前進的法門金剛乘，也稱為密宗，而惠果是精通此法的高僧。

　　空海於806年回到日本，不久全國對密藏大法興起熱潮。密宗需要「信」，有信念才能學習，才能對佛陀密法全心投入，且需誦念梵語異音的語句（咒語），以達到涅槃的目的。在此之前，日本佛教一直缺乏「信」。

　　而信仰是巨大的推平機，它不是精英階層的特權，普通百姓可以與貴族、甚至天皇一樣擁有信仰。因此，佛教在日本踏上普及之路。

　　當佛教突破階級障礙時，日本的宗教界開始出現一種奇怪現象：人們開始將神道教的諸神融合到佛教的佛世界中，基本上就是將所有當地神祇升級到新興流行宗教裡。神道教的神祇，即使不是「大智佛陀」，至少也成為大智佛陀的同道，根據依附的佛教位階而有不同分類。人們開始在參拜佛陀時也一起參拜神道教神祇。寺廟與神社合併，神與佛在日本靈修信仰中以一種怪異卻和諧的方式並存。這種態勢一直持續到明治維新，天皇作為國家元首的角色被放在聚光燈下，因為天皇被認為是太陽女神的後裔，但在神道神祇與印度神佛的混雜下，在神學上就顯得有點小尷尬。

禪宗是從中國傳入佛教的另一宗派，修法以禪定為主，禪修成為達到涅槃的法門。當時佛教的發展穩步推行，到了12世紀，禪宗成為新起武士精英們的宗教。在鎌倉時代（12-14世紀），農耕技術進步，貨幣流通促進商業發展，平民生活因此得到改善。但普通百姓與堅毅克制的武士不同，他們想從宗教得到更多而不只是安坐修定，於是佛教各宗派百家齊放。其中包括淨土宗，此派認為一心念佛可直達淨土；日蓮宗，由僧侶日蓮（1222–1282）所創，以尊崇《妙法蓮華經》作為修習法門。

在戰國時代（1467–1603），某些寺廟和宗教團體凝聚相當大的政治和軍事實力，終成為不可忽視的勢力。然後在1540年代，耶穌會教士帶著基督信仰踏入這片宗教大熔爐。他們很快找到虔誠的信徒，包括窮人，也包括有錢有勢的人，天主教義認為在上帝面前一律平等。這麼顛覆的平等論述一直具有強大力量，且在之前的所有宗教中都是共同主題，但此次卻更為來勢洶洶。耶穌會的救贖信念凌駕一切之上，在16世紀末和17世紀初基督徒被迫害之時，他們從不缺烈士。

德川家康（1543–1616）在1603年成為首任幕府，他敏銳地意識到，若要長治久安，就必須遏制宗教狂熱份子。幕府命令所有人必須在自己所選的寺廟中登記公民身分，實際上這是將民政權力下放給宗教場所。如此，寺廟變成政府威權機構，雖能得到穩定收入，但也無法再驅動人民的熱情。

隨後是250年的太平日子，沒有什麼能比太平安樂更能培養出對宗教的冷漠。

這種對宗教的冷漠一直持續到今。現在來日本的遊客總是困惑，日本人不參與宗教活動怎麼會沒有不安。我們自稱是佛教徒，但在教堂結婚，慶祝聖誕節，在神道教的神社迎接新年。他們可能會得出結論，我們不虔誠，他們也許有他的道理，但並非總是如此。日本人有信仰，而且信得很深。容我大膽猜測，我們明顯的冷漠只是表象，因為在尋求超自然干預時，虔誠被我們「每件小事都有幫助」的態度掩蓋了，且在信仰之事上，我們偏好實際問題的解決而不是教義上的約制，這可以從古時候我們把佛教和神道教的融合中看出。

明治天皇去世後，日本天主教徒的人數激增。他曾是日本現代化的象徵，主持了前所未有的社會變革。他走後，人們感到不安，並尋求精神上的慰藉。每個人信教都有各自的理由，日本人也是如此。

天皇　The Emperor

天皇與皇室是個謎。這個傳說最早從西元七世紀開始，在明治維新及二戰爆發前的準備期又興高采烈地復活。傳說告訴我們天皇族譜可以一直上溯到神武天皇，而神武天皇早在西元前660年起就開始建立王朝。這一定是神話，不過就算如此，天皇族譜確實可以追溯到太古時代，那時的書面紀錄很少，理由是，當時日本人沒有書寫系統。但出自中國三國時代（西元220-280）的官方歷史記載，的確有很多很多的國王女王統治著東方諸島，也就是日本。

在明治維新時期，恢復天皇權威是一種強迫推銷。自從12世紀天皇被幕府武士閒置一旁以來，天皇一直被認為是古代遺物，撐到現在只是一個無關緊要的奇蹟。在德川幕府緊抓權力250年之後，為了反抗幕府政權，在天皇威權下統一整個國家只是少數革命者才懷抱的想法。但這行得通。為了將還政於皇的想法付諸實現，當時人們付出很多努力。在1940年代初期，政客和軍頭都認為有必要在戰爭中團結國家，這想法加速進行。（那是因為這些人一開始就先讓國家承受巨大壓力，但這又是另一回事了。）

1945年戰敗之後，天皇的角色遭仔細審查。作為國家元首，裕仁天皇在戰爭中的角色及該負的責任是不可否認的。儘管如此，美國征服者還是驚訝地發現裕仁天皇極少屈服於現實的壓力。鑑於廢除天皇可能會造成大亂，加上裕仁在戰後能安定民心，對於那些受戰爭折磨的日本人起到安撫及團結的重要作用，天皇寶座依然存在，他也以天皇的古老使命「祈求太平」挽救了這個傳統。裕仁死於1989年，以他在位的年號昭和為諡號，諱稱為昭和天皇。

根據現行憲法，天皇的地位據說是基於國家共識。擁護共和政體的人爭辯說沒有這樣的共識。但是，面對改換安排而有的可怕前景，公平地說，這一角色是建立在國家默許的基礎上的。

對於正式的宮廷儀典，如年節、大婚等，皇室成員要穿著平安時代（794-1185）的禮服盛裝出席，那是皇室貴族權力最盛的時期。天皇也要重現古禮的古樸迷人，例如明仁天皇要親手插秧，表示慶祝豐年；他的妻子美智子皇后依樣行禮，必須探桑養蠶。每年正月之初要舉辦「歌会始」，這是傳統詩會，參與詩會的每個

人要呈交自己的作品，希望能被天皇選中，讓自己的詩作被大聲朗誦出來。日本人喜歡這樣的喜慶儀式，這些活動能將我們與我們獨特的歷史、傳統和文化聯繫起來。

　　在遠古歷史的迷霧中，儘管在某些時刻，天皇或許是入侵日本的朝鮮族部落首領，但皇室並不是不知哪裡來的諾曼暴發戶的**後裔**，也不是德國鄉下貴族鑽營者的**子嗣**──這我們絕對清楚！經過近兩千年的代代相傳，我們早就過了系譜學上的最佳點，這意謂著幾乎所有日本人或多或少都與皇室有關係。此外，革命實在太「反–和」了。

武士　Samurai

　　西元663年發生的白江口之戰對日本來說是一場災難。天皇試圖扶助朝鮮半島的百濟國對抗新羅與唐朝的盟軍。此役日本損失慘重，戰敗後，天皇不再參與對外戰爭。等到被報復的威脅減弱，加上公共財政也吃緊，日本決定放棄常備軍。中央政府軍事力量的喪失意謂著沒有警力，日本各地農民需要提起傢伙自我武裝防備盜賊，這就是武士的開始。

　　雖然日本各地都出現早期的武士，但關東地區（就是現在東京附近的平坦地域，但在當時，仍是一片潮濕泥濘）是傳說中超級戰士坂東武者的誕生地。

　　當時，關東是京都政府東部邊界的屏障，出了關東，到了北部，就是屬於土著民族的土地，北方民族對天皇的忠誠度充其量也只是搖擺的。當時關東農民和北部盜賊間經常發生小規模的衝突，中央政府不時需要宣威討伐，但在沒有常備軍的情況下，天皇派出去的將領被迫只能帶自己的隨從前往關東，然後雇用當地武士作為雇傭軍。所有情況都提供武士充足的訓練機會，很多人也因此培養出出色武技。

　　這種情況有點類似美國的大西部：是一種農業生活型態，但不時發生與原住民的武裝衝突，或在劃定地界時與鄰居發生爭端。不同處在於，武士不用槍，他們選擇的武器是騎馬射箭。的確，日本人做出極精美的劍，直到今天依然如此。但在實際作戰上，有什麼能比得上從馬上一射就跑的弓箭呢！今天，你可以在日本各地節慶中親眼目睹這種稱為「流鏑馬」的精湛藝術，自豪準度的武士騎在馬上射出風馳電掣的一箭，絕對值得一觀。

　　最後，武士也在自己與彼此間發展出屬於獨特的道德觀和榮譽守則。就像美國牛仔一樣，他們強調男性特質，例如孔武、勇敢、力量、忠誠、友情，重視男子戶外活動如打獵。另一方面，他們厭惡膽小怯懦、背信棄義和任何違背誓約的事。隨著歷史發展和社會開展，武士的社會習俗發生變化，價值體系也變得更加複雜。

侘寂　Wabi-sabi

戰國時代對日本有重要影響，重要程度遠超過誰贏了哪場戰爭、有什麼政治後果這些基本歷史事實，將近150年持續戰爭的狀態在日本人心理上留下了不可磨滅的印記，然後將它展現在文化和哲學變異上。

要了解這時代的顛覆性，首先要了解戰國末期日本的領導人豐臣秀吉（1537–1598）。他出身農民一路爬升到最高階級，最後統一國家。他下令入侵亞洲大陸，向朝鮮發動戰爭。據說戰國時期末，日本擁有世上最強大的軍事火力。

就像歐洲經過16至18世紀戰事不斷，文明以驚人的速度發展，日本也同樣經歷前所未有的轉型。軍需裝備的供給持續不斷且越來越昂貴，諸侯鼓勵發展當地商業，就像今天靠近大阪的城市堺市就是因此繁榮的商業都市。當權者需要有錢人，反倒不如當權者自己就是有錢人。最後，日本出現少數幾個強大又有錢的諸侯和旗下依附的武士，成為統一日本的新領導人。

不幸的是，他們是沒文化的鄉巴佬。打仗的人的識字率很低，通常都沒什麼教養。同時，長期缺乏中央領導在日本文化傳統中造成了裂痕。新領導人必須找到新的傳統。

此時，茶道成為這些新興政經新貴的關注焦點，成為他們同層共享的文化經驗。一開始是從堺市的富商中開始流行，茶道宗師是千利休，據說他原是買賣軍火的堺市商人（相較於其他商品，這是非常具有說服力的）。茶道很快被諸侯藩主接納，變得時尚流行。不久後，他們就開始爭奪提升茶道體驗豐富度的必備器具，例如茶具、繪畫和其他相關物品。

很典型地，豐臣秀吉走了極端，做了一件出名的事。他在自宅用黃金打造了一座用來秀胳臂炫富的黃金茶室，主辦的茶會擺滿了從中國進口的精美瓷器。

千利休是秀吉的茶道國師，但對主子暴發戶的品味嗤之以鼻。某次勇敢地就藝術觀起爭執，千利休提出他在自己的茶道形式中觀察到的新美學，完全不同於秀吉的誇張奢華。

千利休稱自己的美學為「侘寂」（侘び·寂び，wabi-sabi）。侘是最簡樸的環境。千利休鼓勵他的徒弟在簡樸的環境中尋求安靜的滿足感，找到只有在看似破舊

環境中才能對照出的那一份更動人的孤寂，那才是美。佗寂關乎內在的孤寂安定。千利休認為，真正的美感出自人的寂靜克制，而不是貪。

這對那些缺乏文化，甚至可說有些野蠻的武士，他們在尋求功名利祿的路上，思緒混亂，見識搖擺，如今領悟了新時代的藝術美感，理解了它的真正價值。

之後，千利休的佗寂哲學奠定了日本文化一直發展至今的新基礎。

千利休的美學與豐臣秀吉的立場迥異，無疑讓他惹怒主君，秀吉認為他無禮，最後命令他若不低頭求寬恕就要自殺謝罪。千利休忠於己念，選擇自己結束性命，結果精神不朽至今。

佗寂仍是日本美學的基石。經過數百年的戰爭，日本人拒絕日式版本的法國「太陽王」秀吉，也拒絕他華麗如凡爾賽宮的黃金茶室。我們繼續在簡樸與寂靜中尋求屬於個人的幸福和滿足，而這些事，不需太費力，每個人都可得，不限於有錢有勢的人。

生命的意義 Ikigai

日本概念的生存意義

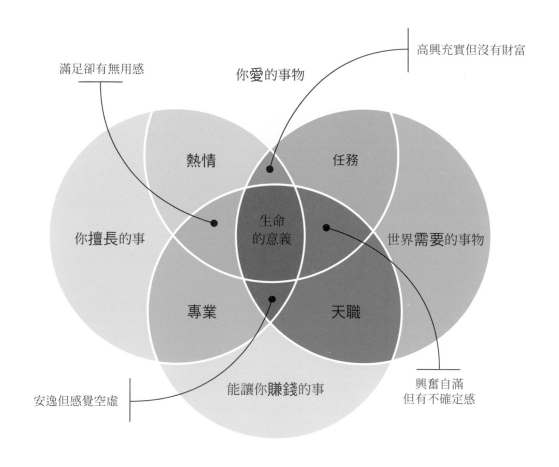

滿足卻有無用感

你愛的事物

高興充實但沒有財富

熱情

任務

你擅長的事

生命
的意義

世界需要的事物

專業

天職

安逸但感覺空虛

能讓你賺錢的事

興奮自滿
但有不確定感

生命的意義　Ikigai

　　日本人不僅是社會動物，也是群體動物。人們強烈認同自己在群體中的身分，無論是同一工作場所、同個家族、同校畢業，同隊球迷、同種愛好等等。

　　西方故事中，劇情通常會跟著主人翁主張自我意志對抗社會，就像電影《舞動人生》的主角比利・艾略特（Billy Elliot）在家人反對下，在舞蹈中找到自己的天命；洛基雖是社會的失敗者，卻在自我人生中找到贏家的意義。在日本，故事典型朝著相反方向前進。《七武士》必須團隊合作才有力量；《神隱少女》中，主角一開始是冷漠的女孩，她必須堅持留在奇幻世界中的怪異澡堂工作，藉由工作才找到自己，變成領導角色。

　　這可能源於日本悠久的農業傳統。種稻要靠全村之力，灌溉需要全村子的人對水的來源和使用做出妥協，耕種和收成也需要全村合作，被人拋棄保證一定餓肚子。日語有個詞是這樣說的：「村八分」。字面上的意思是「村子的八成」。如果某人是村八分，意思就是這個人已被他村子的大多數人拋棄了。

　　這種對社群的忠誠和依賴曾經被視為阻礙日本發展為更西方自由社會的文化特徵。的確，終生雇用的悠久傳統造成日本僵化的勞動力市場，且持續阻礙日本經濟發揮更具動能的潛力。儘管如此，不可否認的是，融入社區並認知個人對社區的貢獻是形成個人自身價值觀的重要部分，即使那只是個人人生目標的一部分，也會帶給他深刻的滿足感。

　　日本人把這種滿足感稱為「生きがい」（生き甲斐），也就是人生價值的實現。這是由兩個單字組合的詞，「生き」的意思是「生命」或「生活」，而「甲斐」的意思是「成效」或「結果」。接近的英文翻譯實際上是一個法文片語：raison d'être，「存在的理由」。

　　在這個世界，每個自由個體都活在自己感覺舒服的泡沫內，但在地球村的心態下，對歸屬感的增強和對「生命意義」的追求只要多做一點都是好的。

Part 3 文化、藝術和風尚
Culture, Art and Style

現代文學 Modern literature

　　日本流行文學的誕生始於江戶時代末期。數百家出版社競爭讀者的方法是聯合暢銷作家寫愛情故事、歷史小說、漫畫創作等等，全都迎合流行口味。但是，隨著19世紀中業的明治維新，文學變得帶有知識份子味道。這可說始於夏目漱石（1867–1916）。夏目漱石患有精神健康的問題，在20世紀初去英國念了兩年多的書，學習英國文學和英語教學。

　　他返回日本後，為了舒緩焦慮，他開始寫他的貓。作品《我是貓》（吾輩は貓である）在一本很有名的俳句雜誌上連載，一炮而紅。從此，由夏目漱石等知識份子創作的新文學風格就在純文學和大眾文學間做了區別。

　　這種改變基於各種原因，但主要因素是日語寫作風格的改變。以前，日語有文言和口語版本的不同。在明治維新時期，日本作家開始以口語創作，這種文體稱為「言文一致」。夏目漱石等先進作家受過良好教育，就用這種現代風格寫作。通俗文學作家是風格的創造者，一段時間後形成一股新潮流。但這就出現一種奇怪的狀況，文壇高端文學越多，幽默感就越少；雖說是現代文學，通俗文學卻越來越傳統。

　　即使到現在，這種區別仍然存在。權威出版社「文藝春秋」每年頒發兩次最負盛名的文學獎。一個是「芥川賞」，以作家芥川龍之介（1892–1927）的名字命名，頒給純文學的最佳創作新人；另一個是「直木賞」，取自小說家直木三十五（1891–1934）的名字，授予流行文學中的最佳創作。

　　這些獎在日本文壇有非常大的宣傳效果，但分類限制了初出茅廬的新作者。那些所謂純文學的作品變得更內觀自省，有時甚至達到幽閉恐懼症的地步。同時，具有娛樂價值的文學創作被認為不如那些有文氣、自我迷戀的作品有意義。

　　有心創作的創作者似乎在動畫或輕小說（ラノベ）等新趨勢中找到出口，這些形式才有更多自由，擺脫文學的束縛，擺脫那些自我任命的品味仲裁者對「文學」賦予的知識份子期待。

　　日本人很愛閱讀，日本作家也很高興迎合讀者對好故事的貪吃口味，只是文學機構似乎很悲哀地與變動中的世界及讀者群脫節了。

無法直接翻譯的詞彙

　　許多無法輕易翻譯成英文的日語單詞片語都有共同的特徵：它們通常是用來識別和加強維繫群體關係的表達，或與典型的日本哲學有關。

　　例如：

　　いただきます：開始用餐前要說itadakimasu，「開動了」，就像用法語說bon appétit（祝你胃口好）一樣。但這個詞是用來表示對食物的感謝，直譯是「領受了，讓我享用這餐飯。」這是表達謙遜和感激，感激之情不僅直接對主人和廚師，還對農夫、漁夫，甚至對日照、降雨等自然現象，感謝所有對食物付出貢獻的人。

　　ごちそうさまでした：吃完飯要說gochisōsama-deshita，「謝謝我吃飽了」。ちそう寫成「馳走」，最初是指來回搜羅辦酒席需要的食材，因此直譯會像「這些搜羅食材的工作做到了！」換句話說，就是「非常感謝您這麼辛苦準備豐盛飯菜」。這是對主人和廚師的感激之情。

　　おつかれさま：寫成「お疲れ様」，讀作Otsukaresama，意思是「辛苦了」。這是對某人辛勤工作的認可。直接翻譯是「你一定覺得累了」，但這裡的「累」並沒有負面含義，相反地，是某人工作辛勤努力、長時間勞動後的自然狀態。你是在肯定他的貢獻。

　　おすそわけ：寫作「お裾分け」，讀作Osusowake，意思是「分享衣服下襬」，但這對西方服飾毫無意義。和服的衣擺總是左右分開，要把前襟合上並用腰帶把衣服在腰上綁好。這裡有一些語言學的轉折，「お裾分け」的意思是你和他人共享禮物，就像和服下擺總是分向左和右。如果某個農家朋友送你一盒滿滿的蘋果，你會把一些分給鄰居，說「お裾分け，這是別人給我的，請大家享用。」這就會讓人覺得收到的東西不是特殊禮物，而僅是分享福分，就像和服的下襬一樣自然分向兩邊。

Words with no direct
translation

おかげさま：又寫成「お陰さま」，讀作okagesama，意思是「多謝你」，但這句日文幾乎可用於所有情況。如果遇見某人恭喜你已從普通感冒中康復了，你可以回答「おかげさま」，就是「拖你的福，我已經恢復了」，即使這個人與你的感冒完全沒有關係。你確認的不是聽話者與這件事的特定因果關係或貢獻，而是你倆屬於同一社群的共同聯繫。類似英國詩人約翰・多恩（John Donne）寫的「沒有人是孤島」的原則。

つまらないものですが：當你送人禮物時，會說tsumaranai mono desuga。 矛盾的是，它的意思是「這是微不足道的東西」。這是日本人不想讓收禮者有負擔，所以降低了禮物的價值。這是謙虛的表現，讓社交互動多一些潤滑作用。

お邪魔します：這句Ojama shimasu在精神上與「つまらない物ですが」類似，用在接受邀請去某人家拜訪時使用。從字面的意思看是「麻煩了、打擾了」。當然，這並不是宣布要把別人家搞成「邪魔」一樣，只是表示謙虛，感謝邀請，並向主人保證，你會小心謹慎，以免造成不必要的麻煩。

おたがいさま：又寫成「お互い樣」，讀作otagaisama，直接翻譯是「我的狀況和你一樣」或「彼此彼此」。如果有人為遲到向你道歉，你會說「おたがいさま」傳達「別擔心，也很可能會是我遲到」的情緒。

寂しい：Sabishii是典型的日本哲學。「寂」與「侘寂」的用字相同，是一種美學概念，指的是一種不完整的狀態。可能與人的缺席有關，就像「我想你」，或只是對一般情況抒發無可奈何，就像對周遭世界的不完美本質發出感嘆。

仕方ない：Shikata-nai的最相近解釋是「沒有辦法」或「無能為力」。「仕方」表示一種方式、方法或手段，而「ない」的意思是沒有，連在一起就譯為「沒有辦法」。這句話聽起來好像不中聽，感覺很消極，但表示已過去的事是無法挽回的。這在自然環境和氣候多變、不時突發大地震、颱風和火山噴發的國家，這種哲學有助於國家復興與重生。當人面對不確定性的時候，這樣的說法反而給人帶來某種療癒。

風情：Fuzei是一種對美感的闡述，可用在風景、藝術和人。它與單純的「美麗」不同，最接近的英語可能是「style」，表示有風格或有格調。但是這個日語通常用在顯然不太愉悅的情況，例如形容暴風雨中的崎嶇海岸、在森林裡悄然升起的晨霧、用到舊的茶杯，甚至是老太太發皺的手，都可以說「風情のある」或「風情滿滿」，它超越單純「美」的意義，是一種出自日本特有美感價值觀的讚嘆。

　　粹或**意気**：念作いき、Iki，傳統上這個字用來描述江戶（也就是現在東京）出身的人，特別是18和19世紀江戶時代的一般平民。它描述都市居民或住在城裡的人，雖然可能不一定過得很奢華，但多半很「帥氣時髦」。這個詞還與整齊清潔有關。

源氏物語 The Tale of Genji

據說《源氏物語》是世上最古老的小說，作者是10世紀末至11世紀初的女官紫式部，故事講述天皇兒子光源氏的生活和愛情故事（很多段愛情）。

對於沒有自己書寫系統的國家和文化，日本發展國族文學不是一條順遂的進程。這也告訴我們，世上第一位著名小說作家是個女人。

在發展出我們稱為「假名」的發音字母之前，日本用漢字當成書寫文字，就是用漢字來標音。官方紀錄是用純漢字寫的，儘管寫得很糟。通常每一個漢字都有很多筆劃，每個字都有一個意思。所以不管用哪個漢字標語音，經濟效應都非常糟。

假名有兩種：片假名和平假名。這兩種系統在創字時都利用了漢字，不是用了漢字的一部分（片假名），就是描摹漢字草寫簡化後的字型（平假名）。片假名是用來讓漢字文本更容易閱讀；而很特殊地，平假名是女性使用的文字。

政府官僚幾乎清一色是男性，日常生活全都是中文和漢字書寫系統。男人普遍認為，用假名寫日文顯得有點娘且比較低下。當男人依靠的工具只是一門外國語言，且用它表達自己的能力也有限，男性文學作品當然很少。他們可以寫詩，這是日語的專有領域，且男女通用，但這些男人也被期待能夠用中文依循中國古典詩人李白、杜甫所用的格律寫中國詩。這些嘗試一定很失敗，因為幾乎沒有作品留下來。

《源氏物語》講述古代天皇兒子光源氏的故事，光源氏幼年失母，並愛上了他父親的寵妃。他對愛的不滿足，有嚴重的戀母情結，光源氏開始浪漫征服和不斷心碎的人生。整個家世小說的中心圍繞著男性世子的角色展開，但有人懷疑他是否真是故事的主題。一方面，他的角色幾乎沒有成長，直到故事快要結束時，光源氏把孩子抱在手中，發現孩子的真正父親是他的子侄輩，然後，他像被業力嘲諷似地頓悟。另一方面，讀者對書中女性角色留下生動的印象，她們走進光源氏的人生卻總是離開。紫式部想寫的似乎不是風流如唐璜的世子的故事，而是從女性觀點出發的宮廷生活。她用日文撰寫，使用女性專用的平假名。當男人忙著刻板賣弄的生活，對語言情感都顯得笨拙，紫式部卻把作品寫得栩栩如生，並成為國寶。

行く春や
鳥啼き魚の
目は泪

春將歸
鳥啼
魚落涙

松尾芭蕉，1689年

俳句 Haiku

　　連歌就像在客廳玩的文學遊戲，是把和歌5-7-5-7-7的格式拆成兩段，第一個人做5-7-5部分，第二個人接續創作出7-7部分，這算完成一首詩。然後，下一個人接續第一組完成的作品以及主題繼續，創作出另一段的5-7-5，然後下一個人再添加7-7的部分。如此接續完成到參加者預先說好的次數，通常是一百次。

　　平安時代的人們舉行狂歡派對，主人賓客將各自的文學品味和學問教養帶入這種接龍藝術和妙語競賽中。通常與會者中會有一位著名詩人提供意見或建議修改，稱為「連歌師」。

　　連歌對日本文學發展有巨大貢獻，在民間普遍盛行，到了江戶時代更受歡迎。但在17世紀出現了另一種趨勢，變成只做第一段5-7-5的「発句」（起句）才開始獨立發展，這就是「俳句」的誕生。

　　隨著詩的各種形式和發展環境，作詩變得普及，但作品慢慢形成一種調性，變得不那麼雕琢風雅，精妙佳言變少了之後，就更多了庸俗。對於說英語的人來說，就好像人們不再渴望莎士比亞的十四行詩，而耽溺於隨興湊合的趣味打油詩。機巧機靈的妙語比藝術感受更被重視。

　　這種強調趣味性的俳句稱為「川柳」，到今天依然流行，但它限制了新型短歌創作的潛力。振衰起敝的詩人是松尾芭蕉（1644–1694），他先是以符合當時的潮流、慧點機巧的作品贏得盛名和擁戴。然而，他放棄流行，追求能反映藝術性和個人情感的俳句作品。正是機緣巧合，他以畢生之力推動流行。

　　俳句在現代日本仍然很流行。日本的各大報章媒體定期會向讀者徵稿，由專業的俳句大師選出喜歡的佳作發表。

　　俳句受歡迎原因基於兩點。一是簡單，俳句5-7-5的結構對所有人來說都可以上手，不需要太長時間或太花腦力就可完成。第二個原因是俳句的主題很自由，松尾芭蕉的運動讓人的普通情感也能透過詩來表達，可以幽默慧點，也可以嚴肅智慧。日常思緒和觀察都切合詩意，能獲得心同此感的讀者欣賞，俳句已成為真正的流行藝術。

和歌：詩歌也是一種社交技巧
Waka: poetry as a social skill

不知道為什麼，古時候的日本人認為，將五個音和七個音連成一組發聲時，語言聽起來更好聽，變得更有節奏感，更有意境。這是日本詩歌「和歌」的誕生。

早期這些詩歌在結構上有很大不同，有些詩更長，五音和七音的組合一行又一行重複，但是後來5-7-5-7-7的結構定型成為標準。

到了西元8世紀到12世紀平安時代的宮廷生活中，和歌創作成為一項重要的社交技能，尤其是在傳達心意上。不管男人女人都會被人以其作詩的能力評判其人的品格才智。這點從《源氏物語》就能略知一二，宮中貴婦深閨幽閉，身邊圍繞著女官或侍女。追求者只憑一眼相望，打聽一下就知道是否婀娜多姿。為了求愛，男子必須送出精心製作的和歌一首，表明想更進一步的心跡；而女子必須作詩相合，若要表明「我不適合你」，就會由她的一名侍女作詩提醒追求者此婚配不合適。如果第一首詩寫得好，且向侍女打聽過，覺得此人不錯，被示愛的女子可能會作詩一首回應，說不定，還會親自寫在風雅的紙上。重要的是這些和歌必須精巧高妙，表現出作者的才智和教養。正因如此，辭藻較為枯竭的男女必須在他們的隨從女官中召募著名詩人，作為代筆和文學顧問。這時期出現的知名女性文學家多是王室貴婦的女官，其中包括《源氏物語》的作者紫式部。

男子看了女子手書後熱情激盪（此信可能是字寫得比較好看的人寫的），追求者將大膽夜訪女子。如果認為合適，蓬門將開。在昏黃燈光下、或在迷濛月光下，戀人將一起共度激情的夜晚。

一般認為從深夜流連到早上的男人大不可取，他必須在晨霧剛起時就該悄然離去。但還有一件很重要的事要做，他必須寫一首合情合景的情詩贈與愛人。這首詩叫做「後朝の歌」，字面意思是「隔天早上寫的和歌」，基本上就是一封感謝信，讚美這位女士的美麗並表達離別的悲傷。重要的是這封信要立刻送到女子手上，只要稍有耽擱都表示這男人很失望。有個故事是這樣的，有個男人在幽會後的第二天就被公務耽擱，忽略一早要送詩，他的心上人氣急敗壞之下就出家了。如果莎士比

亞筆下的奧菲莉亞是日本人，她應該不會浪費時間去採花。

　　如果求愛順利，戀人的關係穩定，他們會舉辦「床顯し」儀式公開宣布他們的伴侶關係，「床顯」的字面意思就是「露出床鋪」，之後才被社會視為夫妻。這是平安貴族間的婚姻形式，妻子會留在娘家中，婚配生下的孩子也在女方家扶養。

　　後世天皇下令將10到15世紀間的和歌集結成冊，編成21卷《古今和歌集》，每卷都呈現當時和歌的風格、詩趣和潮流。

秋山に落つる黄葉しましくは
な散り乱ひそ
妹があたり見む

秋山爾
落黄葉
須臾者
勿散亂曾
妹之當將見

作者佚失，西元759年

（秋山黃葉紛落，暫時不要散亂飄零，我想看看妻子曾停駐的地方。）

歌舞伎　Kabuki theatre

　　日本戰國時期造成社會動盪（這是發生在15至17世紀間的戰國，不要與中國早期的戰國時代混淆），動盪也讓人們得到表達自我的空間。當戰國時代快結束，正是恢復和平之際，商業蓬勃發展，人們對娛樂非常渴望。當時京都重新獲得日本首都的地位，但附近的鴨川還沒有劃入首都管轄，表演者就聚集在江邊演出，最著名的是一名身兼團長的女舞者出雲阿國（生於1572年左右），她因為表演所謂的「傾奇踊」（kabuki odori）或「歌舞伎踊」而聲名大噪。「歌舞伎」（kabuki）這個詞，源自動詞「傾く」（kabuku），意思是「傾斜依靠」，而「傾奇」（kabuki）則表示「與眾不同」，用在這裡是說節目非常驚世駭俗——據說充滿色情調性。不久後，當局就禁止女性演出。但是，就像俗話說的，表演還在繼續。

　　然後隨著市民生活持續發展，城市居民需要大眾娛樂。能劇的傳統表演形式是屬於武士的，且有許多結構上的局限（現今依然存在）。然而，它確實為這一時期出現的流行戲劇提供跳板。

　　從一開始，歌舞伎的表演元素就一直受到人們歡迎。演員披著毛骨悚然的服裝，臉上畫著引人注目的妝容。舞台布置越奢侈，觀眾評價就越好。表演可分為兩類：一類主要為舞蹈，是「歌舞伎舞踊」；另一類為戲劇，所謂「歌舞伎狂言」；戲劇類的還可以進一步分為歷史劇（這個分類不太精確）以及從當時生活取材的主題。

　　歌舞伎今日在日本繼續流行，許多歌舞伎演員會去演電影和電視。然而，歌舞伎的不幸特徵之一是世襲制。歌舞伎的演員世家很多，著名演員的名字通常父子相傳。因此，我們有第十一代市川海老藏、第十八代中村勘三郎、第七代尾上菊五郎。歌舞伎界的名號繼承是一件大事，戲迷永無休止地爭論年輕演員

是否已準備好承接上一代。這對首代創始者當然是維持聲譽的好方法，也是引起話題的好噱頭。儘管如此，傳統意識仍然阻止新人才出現，而且這個制度已經非常過時。

　　話雖如此，觀賞歌舞伎表演是一種享受。東京銀座區的歌舞伎座最近重新整修，變得水準更高。還提供耳機英語翻譯，即時解釋舞台上表演狀況。你也不需要把整個表演看完，也可以只看一幕。我衷心建議你來觀賞，沉浸在這個「百無禁忌」演藝事業的榮光裡。

能樂 Noh theatre

能樂是很難進入的表演藝術。首先，存在專門術語和歷史的問題。「能」通常是指演出形式，依照類型，演員在舞台上一面隨著樂師的伴奏，一面扮演某些角色。在明治維新前，這些表演統稱為「猿樂」。隨著日本社會逐漸發展，武士凋亡，能的傳統觀眾也稀少，面臨消失的危險。明治政府刻意恢復這項傳統，把這項藝術形式定名為「能樂」。

其次，這種有意識的復興讓這個藝術形式兩頭落空：一端是傳統固守派的嚴格教條，另一端是默認現代觀眾的需求。就說演出吧，過去演出一齣能樂要花一整天，今天縮短到大約兩小時，但演出曲目仍然受限，堅持傳統無法吸引大眾。

但不管如何，「能」代表日本表演藝術的起源，在這裡不去提及是不負責任的。它一定會有兩個主要演員，分別是「仕手」（シテ）和「脇」（ワキ）。仕手是主角，通常是鬼神，由脇提示突顯。仕手或歌或舞講述過往情事，幾乎都是悲劇，邀請觀眾分享舞台上如幽靈般的超自然體驗。

能之後是「狂言」，這是滑稽搞笑劇，描繪日常生活的滑稽瞬間，這與之前或鬼或神的體驗形成鮮明對比。最著名的狂言就是講述愚笨主人和他愚笨僕人犯下的爆笑錯誤。

近年來，有一些狂言演員打破壁壘，成為成功的電影演員，就如野村萬齋。狂言帶有喜劇的特性，相對容易吸引現代觀眾；但是，能仍是一種需要學習的品味。它無疑是寶貴的文化遺產，與希臘悲劇等藝術互相呼應。它的構成有服裝、面具、音樂、詩歌和舞蹈，在在都基於其他手工藝與藝術形式，也因如此，其他藝術也隨之復興。

建築之美：從神社、寺廟到宮殿

　　儘管這片土地容易遭受毀滅性的自然災害，日本仍然存在許多保存完好的歷史建築。這樣的建築通常代表著「過去勢力」。中國儒家傳統思想有「天命」之說，以致過去勢力的任何表現形式，特別是建築，勢必要被新興勢力以慶祝「新天命」誕生的篝火摧毀。日本人素來比較節儉，總是對舊建築維修再利用，這些建築在歷史動盪中歷經興衰更迭而能倖存，讓人看到蘊藏在這些建築中的精神意義。

　　幸虧這種保存古建築的傾向，日本的歷史建築看起來要比中國或韓國相同年代的建築物要老得多，即使日本的歷史年輕多了。從城市規畫到宮殿建築和寺廟塔樓，韓國和日本都效仿中國。為了呈現日本民族風格，中式建築需要調整以適應日本的氣候和生活型態。這主要是說，建築物要符合「坐在地板上」的生活型態。日本人直到最近才開始坐椅子，所以日本房屋在建造的時候天花板和屋頂就建得比較低。至於氣候，中式封閉的牆不適合日本夏季的高溫濕熱。佛教僧人兼好（1284–1350）將雜文集結為《徒然草》一書，在其中一篇他就寫道，「建屋立宅，需把夏日放在心中」[10]。結果，傳統的日本房舍往往更開放，有闊窗大門通向外面。另一個常見的特徵是把地板抬高，防止濕氣從地面滲入屋內。奈良縣的內府藏寶庫正倉院就用了這種做法，不只如此，這種形式在傳統日式房屋中也很常見。

　　日本的另一項原創發明是城砦，在戰國時代，諸侯大名建造城砦來保護領土。一開始，它們不像正經城堡反而更像軍事堡壘，建在深山或山巔，有更高的防禦力且沒有裝飾。後來，隨著大名對經濟活動的掌握更緊迫，城砦就建在平原上，建在商業運輸的交叉要道，或建在港口內渠的方便進出口。為了讓這樣的建築仍有防禦力，開始採用石牆、護城河、磚瓦屋頂、厚土泥牆，精心勾畫的防禦功能和迷宮式設計。其中的巔峰之作，是大名開始建造高塔城樓作為城砦的核心，稱作「天守閣」，這樣的塔幾乎沒有防禦目的，實際上，這種高塔在受到攻擊時會因為內部中空很容易全被燒光。然而，這是巧奪天工的建築，結合了屋頂、屋簷和山牆，看起來更高，就像幕府的力量和權威在這塔上完全彰顯，成為日本建築景觀最重要的部分。另一個保存完好的例子是兵庫縣的「姬路城」。

10 譯註：《徒然草》第55段，「家の作りやうは、夏をむねとすべし。」。

Architecture: from shrines and temples to castles

　　與日本人對待古老建築的溫柔關愛相反，日本的現代建築屬於拆建工程。當建築物作為固定資產，想到它的快速折舊率及以此架構的會計巫術，房子主人想建造的是快速現金報酬，而不是永世流傳的名物。結果，日本合格建築師無節制的大爆發（註冊了約50萬名），卻無法維持特有的城市景觀。

　　隨著上個世紀開始的人口極端城市化，以及建築物高度限制的放寬（相信技術進步之後可以對抗地震的威脅），城市正在不斷發展，也越來越節省能源。我認為，還要花上數十年的時間，才能確定現代日式建築的風格。

名流文化 Celebrity culture

　　日本常規電視播送的時間始於1953年，到了1964年東京奧運會前後，日本家庭有電視機的情況已非常普遍。到今天，電視依然在日本人的生活中扮演極重要的角色。

　　在電視占據主導地位之前，名人來自電影界。然而儘管演員博得粉絲的崇拜，但他們的曝光卻有限。隨著電視的出現，他們可以每週、甚至在某些情況下每天出現在螢幕上。大眾對演員、喜劇演員或僅是主持人等電視名人的需求變得越來越大。到了60年代中期，東京有七個電視台，每個電視台都在爭奪永不滿足的觀眾注意力，這讓事情越演越烈。

這種人在日本有個外來語，稱為talento（藝人），負責經營藝人的是經紀人，所以對經紀公司的需求應運而生。但這些在攝影機前出現的藝人，有快閃消失的藝人，也有真正有才的藝人，他們之間增加的數量成反比。

在80年代，壓力破表的電視台高官想到一個絕妙的點子。他們理解到，出現在電視節目上的人並不一定要特別出眾。業餘歌手、搞笑藝人和其他藝能人才（這個詞要盡可能用最寬鬆的定義）在電視圈氾濫，觀眾打開電視就知道日本的真人實境秀節目領先西方幾十年。

以往對日本影星來說唱片銷售可說是輕鬆外快，為他們提供額外收入。也就是說，過去那些人既不會唱歌也沒有唱過。

近來，電視名人過剩，娛樂界的錢坑深度不斷下降，已經探底了。市場氾濫著加工的音樂或被調音的歌聲，稱為J-pop。如果連聲音都無法吸引聽眾，更不用說歌曲了。只好包裝在一起，打包成各種男團女團，真正是「買整組算批發價」的概念。最極端的例子之一是AKB48，這是一個有一百多名成員的女子團體（其中48是指2005年的創始團員人數）。

這種商業模式進行了數十年，日本電視界的娛樂品質已經非常低下。戲劇不是重播就是翻拍，不然就是抄襲過去當紅節目。甚至新聞節目都已弱智化，例如，在最荒誕的日本厭女秀中，不斷嘗試將女主播變成被物化的流行文化名人。

一點都不奇怪，儘管經過統計證明日本人在電視前耗去大量時間，但日本人終於開始拋棄它了，尤其是年輕人。除了國家公共廣播電視台NHK之外，其他主要電視台都是私人所有，或是報紙的子公司。隨著收視率下滑，廣告收入也下降，從而導致製作品質也下降。同時，由於剝削性合同和刻板的業界潛規則，藝人經紀制度正接受檢驗。

儘管如此，電視台仍卯足全力向政客遊說，意圖扼殺競爭對手，因為政客們不得不彎下腰來，懇求電視的正面曝光。結果，自從60年代以來，日本還沒有看到任何新競爭者進入電視業。

無論如何，當前狀態不可能長久，這是一輛名副其實無人駕駛的失速列車。

和服　Kimono

在明治時代（1868–1912）和大正時代（1912–1926），和服是日常穿著，而西服和洋裝這類西式服裝只會在辦公場所和特殊場合穿。但是，這些西式服裝變得越來越流行，尤其在二戰後休閒服裝引入日本後，兩邊角色就互換了。漸漸地，和服僅在特殊場合穿著，例如新年慶祝活動、一月中旬男女滿20歲參加的成人禮，還有婚禮等。結果，為了配合特殊場合，和服變得華麗又非常昂貴，日常休閒穿的和服幾乎從市場上消失了。

這種趨勢在1990年代從yukata（浴衣）開始發生逆轉，浴衣是夏季的輕便和服，在年輕女性中很流行。它比全套和服便宜，還是突顯自己的好方法。從一開始只有星星之火，到千禧年就出現了和服重生的熱潮。

西式服裝的市場充斥著服裝品牌，服裝業的各品牌每一季都會推換流行，這會引發焦慮。消費者最後會花太多錢買衣服，只為了符合當季潮流的嚴苛限定，好讓自己看起來和其他人一樣，和服就是擺脫這種統一性的好方法。

因為和服已經退出時尚潮流好一陣子，穿著規矩幾乎已經很少了，穿著表現選擇樣式都很自由，甚至有丹寧布製成的和服。

我個人很喜歡和服，因為我覺得和服設計的目的是在讓普通人看起來更漂亮。它們寬鬆卻配合體型，不會假定每個人的腰圍都像設計師品牌衣服那樣小。而且它們看起來比T恤和運動褲的組合好太多了，但缺點可能是穿和服過多不太妙。

原宿女孩　Harajuku girls

　　東京的城市發展是由東向西，城市西區大部分是屬於寺廟神社用來種菜養牲畜的土地，有些小農租下那裡，為城市不斷增加的居民種菜。城市發展後，「原宿」是指原來那片農地上的小旅館（宿）。

　　然後到了19世紀中的明治維新，原宿以北地區（現為代代木公園）變成軍隊的練兵場。第二次世界大戰後，這塊地方被美國人當作軍營。這是原宿歷史上第一次出現「走在尖端」的現象，並出現「異國情調的外國人」。

　　1964年，奧運會在東京舉行，原來的美國軍區變成了代代木國家體育館和選手村。原宿自此受到關注，變成帶有摩登氣息和國際進步感的厲害場所，加上附近代代木公園的「公園生活」，這些概念對當時大多數的日本人都是陌生的。到了1970年代，戰後經濟成長蓬勃，消費文化來勢洶洶，一座複合式商業大樓竣工了，開始聚集許多時裝精品品牌、設計師商店，原宿扎扎實實踏上今日時尚中心之路。

　　商店、咖啡館和藝術空間雨後春筍似地進駐當地。在1980年代，當地議會決議封閉原宿的部分街道，在週末變成行人徒步區。這就吸引了街頭藝人和舞團，其中一個著名團體叫做「竹の子族」，意思是「竹筍族」（別問我為什麼）。他們穿著非常鮮豔誇張，卻協調有序地跳團舞，這是日本人對同質性的真正敬意。這一區在最盛期每天可吸引十萬人，人群聚集讓當局在1998年中止了行人徒步區，音樂家、舞蹈家和其他表演者轉移到代代木公園及其周邊地區。

　　原宿持續吸引時尚業，這裡是評估趨勢、發布新概念和測試新品牌的地方。這裡最出名的是走在尖端的日本時尚，吸引世界各地的遊客，創造全球流行。無論你在什麼時候到原宿，都可看到穿著時髦的年輕少女在櫥窗前流連，雖然在這個時代不能自動假定他們都是日本人，但那只是原宿的另一張即時縮影，訴說著短暫歷史中經歷的多次創新。

清涼商務與溫暖商務

2005年，日本政府發起了一項名為「清涼商務」（Cool Biz）的活動，鼓勵人們在夏季拋棄在工作場所繫領帶、穿外套，目的是減少夏季對冷氣的需求以減少耗能。

這個活動得到巨大成功。在潮濕悶熱的日本夏季，人們，特別是男人，擺脫了緊扣領子和穿著羊毛正裝的社會規範。根據政府統計，能源使用量變低了，讓每年夏季約可減少114萬噸的二氧化碳排放量。

服飾業也因為這個活動得到好處，大家試圖為辦公室找到新的標準時尚。清亮色系的襯衫開始流行，其中還裝飾著彩色縫線和扣子。

福島災難發生後，核能的使用減少了。日本政府於2012年發起「超級清涼商務」運動，建議人們可以在工作場所穿polo衫甚至夏威夷襯衫。這次活動似乎沒有前任那麼成功——在日本，就算更有冒險精神的商務人士也很難做到如此多彩多姿。

同期的姊妹戰役「溫暖商務」（Warm Biz）就不如清涼商務出名。顧名思義，溫暖商務的目的是鼓勵人們穿更多衣服，以減少冬季對暖器的依賴藉此減少耗能。它不如清涼商務有名，或許是因為人們多半不需要政府鼓勵就會自動穿上套頭衫。

清涼商務自首波推出七年後，似乎已被日本人堅定接受。在某種程度上，它打到計畫環境政策甜蜜點中最甜的那點：每個人都做得到，而每個人都想做。況且，它還有益環境。

Cool Biz and Warm Biz

忍者 Ninja

　　忍者的歷史可以追溯到很久以前。這個詞的字面意思是「間諜」，從事間諜活動，使用祕密手段取得戰爭勝利，間諜的歷史與戰爭歷史一樣久。中國著名的戰略思想家孫子就有句名言：「知己知彼」，情報的價值和獲取它的方法從未過時。

　　間諜會興盛發展，一定要在某種戰爭狀態，至少也要有戰爭威脅。日本戰國時代提供間諜發展的理想背景，諸侯大名各據山頭為生存競爭，強敵環伺，如果有幸能打敗鄰居，就有機會奪得霸權。

　　但是，受限於文化和傳統，武士不適合擔任間諜的祕密工作。戰國武家的人身財產安全都是被保障的，這是他們效忠大名的回報。對武士來說，戰爭是證明他們

忠心的重要機會，他們在戰爭中的行動必須引人注目且得到認可。早期武士在打仗前還要發表演講，確保不只敵人、就連同志也要知道他們來了以及他們要做的事。後來大規模的步兵對戰變成常態，即使如此，武士也能找到引人注意的方法。他們把盔甲裝飾得奢華誇張，讓每個人都知道他們的存在。總而言之，是武士造就了可憐的忍者。

正因如此，諸侯大名不得不用武士階級之外的人從事祕密工作。若是在休戰期間，任務會落在僧侶和遊走藝人身上，這些團體的共同點是行動自由。平民百姓離不開土地，僧侶和藝人相對就比較容易跨越大名的勢力範圍，而且他們也可以靠著大名的賞賜過日子，那是他們帶來情報的回報。

但如果在戰時，僧侶藝人不方便遊走各地戰場，大名就無法從中獲得好處。但還是有收集情報或執行祕密任務的需求，像是把圍困城堡的供水切斷或在敵軍營地中放火，這時，大名就必須依靠低級武士。不能要求高階武士執行如此卑下的任務，願意去做的一定是被逼到絕路了才會同意出此任務。

戰事不絕，對此類專家的需求一直存在。兩個地區因此出名，因為這兩個地方提供的專業人才比其他地方水準更高，其一是現在滋賀縣的甲賀，另一個是現今三重縣的伊賀。那裡的地理位置和京都相對比較近，容易獲取最新消息，且林密多山。這樣的地理環境有好有壞，一方面保護他們不受強大霸主的直接統治，但作物生產也有限。在此情況下，他們以間諜活動為領域，付出的精熟勞力終成為內戰期間價高者得的東西。

忍者對日本歷史的實際影響仍不確定。其中許多細節是小說情節，出自之後江戶時代或之後和平期間流行的故事傳說，就像忍者的一身黑服、筆直的長刀和手裡的飛星暗器都是虛構的發明。

忍者的吸引力在於，他們是技能超凡的小人物，與艱苦人生和時代潮流堅忍對抗。經典故事中，他們最後勢必與專權的德川幕府對抗。透過這樣的故事，忍者也在虛構的設定中體現日常幻想。

匠人國度 Land of artisans

在日本工業革命幾乎像是吃了類固醇才做到的。19世紀中葉，明治維新政權向西方文明敞開日本的大門，西方工廠和製造業在極短時間內**大量引入日本**。

當然，這震驚了日本的手工製造業。但是，那些捱過工業化初期衝擊的人確實有機會在衝擊過後存活很長時間。

舉凡陶器、木工、漆器，織品，鑄劍和木工等傳統手工藝，日本一直保有（之後還會持續）技藝精湛的工匠傳統，工匠手藝由家族繼承或由師徒代代相傳。

日本在美學上有「侘寂」的長久傳統，侘寂孕育自茶道文化，要求在不完美中找到美，也是這種美學支持手工藝存活下來。工業製品或許是經濟進步的象徵，但手作器物的美在日本鑑賞家眼中仍是寶貝。

以產品論，日本工匠對美學的追求類似西方藝術家。但也要說，他們在生活和創作上的觀念差異極大。對西方藝術家來說，某件完成的作品，無論是繪畫、雕塑或其他，呈現自我是創作的目的與成就。但對日本工匠而言，某件完成的作品在他追求極致完美的人生中，只標示著生命中正消逝的一刻，即使極致的完美可能永遠不會實現。

就此意義而言，大多數的日本藝術家都類似工匠，典型的例子就是葛飾北齋（1760–1849），他以極具個人風格的浮世繪和木刻版畫聞名於世。據說，他死前最後一句話是：「如果老天再給我十年就好了……或只要再給我五年，我就可以成為真正的畫家。」

日本工匠以獻給工作的人生定義自我，這可能與日本人對自我身分認同的共同取向有關。在西方傳統中，藝術家將表現自我放在第一位，藝術家的目標在透過藝術創作表達個人。而另一方面，日本工匠的目標是將自己的一生獻給自己選擇的技藝，這才是他的人生成就。

縱觀日本的匠人傳統，我們理解，這已構成日本職業道德的基礎。

陶器 Pottery

就如同其他文明，陶器訴說著一個國家的起源和歷史。但是，對於日本這樣的東亞國家而言，陶器歷史說的故事更為細微悠久。這是因為曾為東亞霸主的中國，將陶器，特別是瓷，放在非比尋常的地位和重要性。中國的瓷器作品如此高妙，以致今日仍然是瓷器藝術的代名詞。

日本一如往常，在文化事務上跟著中國腳步，學會在陶的實用性外愛上了陶的藝術性。但是，要期盼日本地方工匠的技術堪比中國官窯物件的技術與成熟藝術美感，那是不可能的事情。因此，精美瓷器被進口到日本，成為富人炫富的寶貝，日本工匠只能以中國華麗作品的可憐模仿者自我安慰。

茶道傳統及其宗主千利休（稍後將進一步介紹）改變了人們對日本陶器的觀看角度。千利休宣告，美不僅存在於中國進口瓷器的完美無瑕中，還存在於日本工匠簡單、質樸甚至粗糙的陶器中。他的想法成為侘寂哲學的體現，在不完美、簡樸和清寂中尋找美感價值。

在千利休這等茶道宗師以及他的擁戴者及後繼者大力倡導下，日本陶器找到自己的美學和自信，一直延續至今。中國在陶器領域有如此巨大影響，成就理應歸於中國。為了競爭，日本人不僅要創新自己的技術，還要創新自己的美學理念。

金繼　Kintsugi

　　「金繼」（金継ぎ）是修復損壞陶器的傳統方法，但這種方法本身已成為一種藝術。

　　從歷史上看，陶器對人們至關重要。它用來盛放和烹調，是日常必備的家用品，而且製作費工又講究技術。首先必須找到陶土，然後開採運至製作場所，開一個窯的建造和維護成本很高，而且操作太急的最終下場就是燒成炭；而中國進口的陶瓷因其藝術價值簡直是藏寶。因此，自然而然地，人們希望能夠修補他們珍貴的破碗裂盆（這是浪費的現代消費主義之前很久的事）。

　　うるし（urushi、漆）是一種中國漆樹的汁液，主要用於漆器，用來美化和增強木製器皿，也可當作黏合劑。隨著15和16世紀漆器技術和美學的發展，用漆修補陶瓷開始講究美感。修繕人員開始裝飾裂痕，用加了金粉銀粉等調色的漆補在破裂處，最後器具上會出現幾何圖案。這種方法稱為「金繼」，意思是「用黃金接繼」。

　　對金繼的欣賞來自茶道傳統，特別是茶聖千利休的稱讚。千利休稱讚金繼正是他侘寂哲學的體現。容我做個簡化的解釋：「侘」是在簡單事物中尋找美；「寂」是在內省安靜的孤獨中找到美。對於千利休，金繼代表了簡樸工藝的真實呈現。它在說故事：說一個茶碗的故事，訴說主人對它的喜愛，所以才需要修理，才需要匠師的手藝和美感。中國進口的高級瓷器是完美的象徵，用錢就能買到，愛上完美太容易，千利休對這種愛採取約制的態度。對他而言，金繼陶瓷是不完美的，但之所以讓人珍惜，正在於它的簡樸誠實。

　　古田織部（1544–1615）是個勢力不大的大名，不以武士出名，卻以千利休的弟子和積極追求利休茶道而聞名。因為千利休對金繼喜愛，受到影響的他開始把收藏的珍貴陶瓷打破做成金繼。千利休得知古田刻意模仿的破壞行為後，斥責他，告訴他金繼的真正價值並非外顯的表象，也不是用這種暴力行為刻意造成的破壞。對於千利休來說，古田的破壞和重建代表了虛構和扭曲的虛榮，正與他在金繼中看到的價值和「隨遇」的哲學相反。

機器人 Robots

　　根據業界統計數據，截至2016年底，全球約有180萬台工業機器人在線使用，預計到2020年將超過300萬台。日本上線運作的工業機器人數量在千禧年左右達到頂峰，約有38萬台，之後也持續維持在30萬台左右。

　　根據2016年的統計數據，全球每10,000名勞工使用74台工業機器人。日本是每10,000名員工使用303台，這使我們在「全球機器人密度統計」[11]中居全球第四。第一名是韓國，10,000名勞工使用631台機器人，新加坡以488台機器人屈居銀牌（有點作弊，因為這個城市只有約24,000名工廠作業員），德國獲得銅牌，每10,000名勞工用309台。美國正急起直追，排名第189位（2009年的排名是114位）。但到今日，中國增長的幅度最大，每10,000名工人就有68台。

　　在機器人的生產製造上，日本仍然是領導者，在全球四大機器人製造廠中，日本占了兩家，分別是市場領導品牌「安川電機股份有限公司」（Yaskawa Electric Corporatio）和「那發科株式會社」（FANUC Corporation）。我們還處於「機器人革命倡議協議會」（Robot Revolution Initiative）的時期，這是一項五年計畫，目的是把日本的機器人市場增長到超過210億美元。

　　日本工業機器人產業的啦啦隊長經常聲稱，我們對機器人懷有天生的親和力，這是基於我們長期從事精密製作的工匠傳統，以及我們動漫文化的普及，卡通漫畫裡有很多電子化角色。除了工匠傳統，我並不認為我們的流行文化對機器人友善。

　　在文化層面上，日本人對機器人做的就是將人工智能（AI）的概念縮小到我們可以接受的大小。我們的集體想像力還無法真正探索這個概念自身的邏輯性和想像力極限，就像科幻小說家艾西莫夫（Isaac Asimov）的機器人系列，或克拉克（Authur C. Clarke）在《2001太空漫遊》中以超能電腦HAL 9000嘲笑我們的方法。

　　話雖如此，日本人對機器人的態度現在正來到下一階段的發展。在國家的汽車製造業突飛猛進的時刻，機器人和汽車是很好的類比，隨著自動駕駛技術就要到位，汽車已進化到超越交通工具，汽車正變得像機器人一樣。對於依賴製造業為出口導向以助經濟增長的國家而言，機器人作為工具已經足夠。而我們面對製造業的

勞動力短缺，工廠中的機器人已不能僅是工具，他們是我們的機器人同事。日本人越來越意識到，我們已不能把機器人的概念縮小到我們能接受的大小就算了，我們必須適應機器人作為供給方的生活了。

曾有很多聳動的新聞，說要把機器人做成女性形象好作為性飢渴男人的性伴侶，儘管如此，也有對機器人的真實需求，護理業確實需要機器人，尤其是在照顧失智症患者方面。人類護理師可以對這些患者進行身體照護——幫他們洗澡、換衣服、做飯（儘管有原型機器人可以在未來幫忙減輕這些繁重勞務），但人類裝備不足的地方是與失智患者持續溝通。與短期記憶功能受損的人進行反覆且繞彎子的談話令護理人員心理備感壓力，目前正測試AI驅動的設備在這種情況下的運用，因為它們不會對這種無限迴圈式的聊天感到疲倦，還可以有助持續對話。

雖然緩慢但確定，我們正體驗沐浴在人工智能的曙光裡，AI及它機械性表現正逐漸滲透到我們日常生活中，這不僅是不可逆的，也是永久和必要的。也許正因為這種理解吧，我們開始接受餐館或酒店有機器人駐店的娛樂和服務。

11 譯註：由國際機器人協會（IFR）統計的全球機器人密度是比較各國產業自動化升級的指標，以作者參考的2016年來看，當年台灣的機器人密度是全球第10，10,000人有177台。

変なカフェ

Part 4 餐桌上

At the Table

茶的影響 The impact of tea

　　茶可以說是中國送給世界的最大禮物。中國人很快提醒我們，還有其他他們發明的、或者應該是他們發明的好東西，世人可能還在討論火藥的好處，但茶是普遍最受喜歡的。

　　茶在九世紀大唐鼎盛時期首次傳入日本，那是整個亞洲都將中國視為文明和文化標竿的時代。然而，一旦大唐衰落，中國事物過時，日本歷史上第一次喝茶熱潮就退燒了。

　　在日本，茶的復興要到12世紀末，這要歸功於一位名叫做榮西的和尚。當時是中國宋朝，他前往中國修習當時最新的佛學後回到日本，不但帶回了茶樹種子與樹苗，也帶回當時佛教的最新趨勢——禪宗。

　　後來，堺市成為獨立的自治城市，由強大的商人階層共同治理，狀況就如威尼斯，治理成員之一就是千利休（1522－1591）。他是我們今日熟知的茶道宗師，他品茶也制定品茶儀式，憑著對禪法的熱愛實踐茶道，將它發展成一種新的藝術形式。

　　千利休的茶會在本質上就是一套宴會儀軌。主人邀請客人享用主人沏的茶，但是，品茶的簡單行為須在全套儀式流程的規範下進行，這一切都建立在禪宗的美學基礎上。邀請書簡以傳統日式毛筆書寫，必須文色皆美。嘉賓先到指定地點「露地」準備，露地是經過整理的茶室前庭但不是造景花園，因為禪宗的美顯現在主人迎賓待客與自然對照的和諧中。

　　品茶之前，還需根據禪門修法為賓客準備茶餚，端上「懷石料理」，名字源自和尚坐禪時會抱塊暖石貼在胃上減輕飢餓。而這頓飯不能是奢華盛宴，因為禪宗不喜浪費無度，這頓料理的食材或許稀有珍貴，但擺盤決不能鮮豔奪目。然後，客人被帶到茶室。茶室是一棟小屋，象徵著宇宙一角，只有在小空間才能賓主相近拉近彼此距離。茶室入口非常小，客人不得不跪著鑽入，從而消除社會階級及傲慢舉止的任何偽裝，與主人及其他客人以平等心對待。家具擺設非常基本，室內空蕩，只放一件藝術品或一件自然物件，也許是一朵花，裝飾在牆上象徵茶會的主題，或顯現室內外界共為一體的連結。地板下方鑿開一個爐，煮茶的水由簡單的鑄鐵壺盛著

放在爐上燒，然後用陶瓷茶碗沏茶。日本人對中國做的無瑕瓷器又是欽佩又是珍惜，但千利休鼓勵他的徒弟在簡單、日製的陶碗中看到美麗。他還提倡不對稱和缺陷的美，因為殘缺更能反映真實的自然。

自從千利休以來，茶道這種藝術形式越來越興盛。至今，男女老少都愛茶道。一位藝術評論家曾經把它稱為「平和藝術」，它一直是日本人民的精神食糧，也是日本藝術的培育源泉。

Dashi: the umami of everything

日式高湯：萬物的鮮味來源

　　說實話，要做菜燒飯，我們日本人應該先脫帽向中國致敬，這件事他們已做了四千多年。他們不斷致力追求美食，也尋求健康飲食，中文詞彙中充滿了與烹飪相關的詞彙。

　　與家門前的料理巨人相比，日本的飲食傳統自然比較平淡。但有句話說，大魚大肉，不如家中小菜，我們端上桌的一定是我們很驕傲的。

　　在我們引以為傲的傳統中，最重要的是發現旨味（又稱鮮味）。鮮味的英文通常翻譯成「savoury taste」，意思是「鹹鹹的肉味」，但不僅如此。它的味道既不甜、不酸，也不鹹，更不苦，但仍構成味覺的重要組成，它來自多種氨基酸組合。

　　日本人使用各種食材提取鮮味。通常，我們會把海帶、昆布、柴魚片煮湯，稱為「出汁」，字面意思是「提煉出的湯汁」，也就是高湯，充滿鮮味，用來做許多菜餚的基礎。

　　幾世紀以來我們都在用高湯，但鮮味僅在20世紀初才被化學教授池田菊苗（1864–1936）發現並進行科學分析。他與合夥人共同創立了一家生產鮮味調味料的公司，名字叫做「味之素」，是最早生產味精（MSG）的廠商。

　　與鹹、甜等其他口味相比，鮮味很微妙。也許正因如此，鮮味具有指標含義，被認為是只有味覺成熟的人才懂得欣賞。

清酒：舊飲料，新產業

在三世紀中國官方紀事首次描述日本時，就說日本人喜歡喝酒。他們說對了（儘管他們對日本地理位置的描述得相當模糊）。所以，顯然日本人很早就知道如何用米製造清酒，那時候的酒，與其說是米酒，實際上更像啤酒，並且大家都喝很多。

到了8至12世紀的平安時代，京都內廷會自己釀造清酒，就像天皇的私房酒。但是更好的是寺廟僧人釀的，如果你喜歡，也可以把它想成日本的主教精釀，似乎沒有什麼能比聖潔意念更能把酒釀好的。

全國性的造酒業興起必須等到12至14世紀的鎌倉時代，當時農業產出增加，使得農民行有餘力可以挪出多餘的稻米來造酒。

由於清酒產業需要穩定的稻米供應還有分銷及零售網絡，釀酒商成為資本家的原型。他們是富有的地方地主，可以生產也購買需要的稻米，在收成後的冬季進行釀造，同時也為佃農在農閒時節提供良好的就業機會，其中有些佃農成為專業的清酒釀造師，稱為「杜氏」，他們有專業技能，哪一家出的薪資高就去哪一家工作。

Sake: old drink,
new industry

第二次世界大戰末進入了清酒的黑暗期，為求便宜，劣質，甚或根本就是危險的酒在黑市流通，這讓清酒的聲譽下跌。之後製造商透過品牌間的評鑑比賽盡力從谷底翻身，科學進步也有幫忙。

儘管清酒相關製造商的經濟環境並沒有變得比較輕鬆，但可以肯定地說，我們現在喝的清酒品質比歷史上其他任何時間都要好。然而，除了兵庫縣的酒鄉攤五鄉和京都一些主要的生產商之外，清酒製造仍是以當地的小型企業為主，這些酒廠很容易受到經濟衰退的衝擊。

清酒可分為純米酒、吟釀和大吟釀，取決於釀酒前稻米打磨後剩下的精米量（專業術語叫精米步合）。事實上，這些類別是最近的發明，並且是清酒製造商用來區別產品的分類，屬於銷售策略的一部分。磨去大量米質的吟釀和大吟釀因為口感清爽銷售第一，儘管如此，消費者的喜好總是搖擺不定，有些人更喜歡純米酒的獨特風味。

清酒小廠正以「永不言敗」的態度向海外市場大力推銷產品。

如此，就清酒業者的韌性和創新來說，日本清酒是典型的日本產品，我們可以為此自豪且無需過謙。

魚素日本 Pesco-vegetarian Japan

　　不知何故，日本直到現代才有畜牧業。我們攝取的肉類僅限魚、雞和偶爾會有的野味。想到中國人的餐桌無肉不歡，總是要有豬肉或其他肉類才算完備，而從歷史角度看，中國人會做的日本人多半也會跟隨，想到這裡，這真的很奇怪。

　　日本傳統飲食文化中缺少肉類很可能是受到佛教的影響。儘管肉從不是宗教的禁忌，但佛教僧侶認為最好有所限制，他們認為太多的蛋白質容易生雜念，阻礙靜定的修持。通常你會在寺廟門口看到石碑，上面寫著：「不許葷辛酒肉入山門」。

　　這道禁令僅是對修佛者的政策聲明，但它為整個社會訂定了標準。看起來，日本非修佛者雖然不須戒酒戒肉，但為了追求更清淨的生活，也對吃肉劃上了一條界線。

　　在戰爭內亂時期，就如在戰國時代，這些禁令非常寬鬆。人們獵捕野味，大部分是野豬野鹿，要生存就得吃了牠們。和平恢復後，人們又根據社會規範避免吃肉。

　　福澤諭吉（1835–1901）是江戶時代末、明治維新初極有影響力的學者，他擁護西方文明。他於1855至58年在大阪學西醫，在他著名的自傳中曾對這一時期有生動描寫。福澤諭吉回憶說，在大阪，在一些下等人居住、其他人不會去的地方會賣牛肉鍋。作為現代科學的研究者，福澤和他的同學經常光顧這些店，並為超越偏見而感到自豪。但回家時因為沾染了肉腥味，不喜歡的鄰居總是過來提醒。

　　日本人不吃肉的副作用表現在身體上。經過德川幕府統治的250年太平日子，人們忌避肉食讓日本人民的平均身高明顯下降。當1853年美國東印度艦隊的司令佩里（Matthew Calbraith Perry）來敲門，武士們響應號召保護江戶灣周圍海岸，但是當他們試圖穿上傳家盔甲時，許多人都發現他們的身體太小了。

　　隨著明治維新採行西方文明，最起碼也要向西方文化學習，因此吃肉變得很流行，人們迅速擺脫束縛。這意謂日本人有史以來第一次150年間長期食用肉類。同時，日本人的男女平均身高增加了近20公分。從歷史上看，我們是最高的日本人。總體而言，吃肉似乎對我們有好處，儘管吃葷可能犧牲了禪定的修行。

從速食到主餐

日本典型的炸物天麩羅（天婦羅）實際上起源於葡萄牙。16世紀，隨著耶穌會士的到來，裹麵糊油炸的烹飪方法傳到日本。在他們飽受迫害的同時，我們保留他們的油炸技術。

當時，食用油通常是芝麻油，價格昂貴，天婦羅是有錢人才能吃的食物。

到了江戶時代，因為食用油價格下降且產量增加，天婦羅開始流行，特別是在新首都江戶，城裡還有街邊屋台炸天婦羅來賣。它是三種源自江戶再向外流傳的美食之一，和壽司、蕎麥麵合稱「江戶前三味」[12]。

作為街頭美食的天婦羅通常會用到蔬菜，尤其是根莖類蔬菜，像是蓮藕、甘藷這種。如果用海鮮，就會用江戶灣捕撈到的蝦和鰻魚，這些海產稱為「江戶前」，原意是江戶前的海灣。小販會將這些食材用雞蛋麵粉做成的麵糊裹住，放在胡麻油裡炸，一切就在急切的顧客面前操作。

直到19世紀中葉德川幕府末期，天婦羅攤販才開始自己開餐廳。至少要到1923年後，天婦羅才傳到現在稱為東京的其他城市。當時關東大地震摧毀了許多天婦羅師傅的餐館，這些廚師只好搬到大阪和其他地方另起爐灶。

如果你去過東京的天婦羅專門店（這種店出了首都以外就不多見了），你仍然可以看到古早街頭屋台風格的服務痕跡。食材是擺出來讓你選的，你可以隔著廚檯告訴後面的廚師你要炸些什麼。廚師厲害的地方在於可以根據不同食材組合控制油溫，要把天婦羅炸到食材中心還是軟嫩美味那就是工夫了。

如前所說，sushi（漢字寫作「鮨」）也起源於江戶。然而，在壽司成為江戶料理很久之前，sushi （鮨）較廣的定義是一種用醋保存米飯和魚的方法。到了江戶時代發生的大事就是發明了現代的「握壽司」（也叫sushi，nigiri sushi，寫作「握り寿司」），就是在醋味飯糰上放一片魚，也就出現了目前世界知名的壽司。

與天婦羅不同，握壽司是江戶特產，據信，流行時間約在19世紀上半葉，但很快地普及開來。一開始，壽司的米飯比今天多得多，幾乎可作為裹腹的點心，甚至可當簡餐。

新鮮的江戶前海鮮是早期做握壽司的重要關鍵，要在全國普及必須等到冰箱問

From fast food to main course

世。隨著製冰技術到來，壽司可用的配料越變越多。一開始壽司只能用附近海域捕撈的魚類，例如鯖魚、沙丁魚和鰹魚，現在比較常用的魚種，如鮪魚，是在近代運輸儲存更方便後才開始使用的。

就像天婦羅一樣，廚師渴望用壽司做出能增值的商業模式，在他們的努力下，壽司發展成餐廳的主題，導致原本誕生時僅是零食的簡單食物變成今日一家家要價昂貴的時尚壽司店。憤世嫉俗的人抱怨這種通貨膨脹現象，但必須承認，壽司和壽司店用一種極簡主義的魅力深深吸引日本人，讓我們願意打開錢包。

12 譯註：傳統上，江戶前三味向來是「壽司、天婦羅、蕎麥麵」，但近期因為受飯店宣傳及媒體的影響，出現「壽司、天婦羅、鰻魚飯」的現代新組合。

Foreign foods gone native

外國食物本土化

　　缺乏自己一流美食的好處之一是，日本人將很多外國美食納入自己的清單。就像前面講的天婦羅就是明顯的例子，它是葡萄牙人帶來日本的。下面介紹一些名為日本料理但其實是從遠地來的食物。

　　RAMEN：拉麵現被視為日本主要對外輸出的食物，但它實際上源自中國。第二次世界大戰後，很多從中國回來的日本兵都帶回做麵的食譜。其中之一就是拉麵，就是用麵粉和鹽水製成的麵條。同時間，美國送給日本人很多麵粉，一方面作為援助，一方面當成行銷農產品。日本人還無法一夜之間變成愛吃麵包的人，但是為了上工重建，這些新麵條卻成為飢餓人民快速增加體力的大熱門。

　　TONKATSU（豚カツ）：炸豬排在19世紀末引進日本，是東京銀座一家叫「煉瓦亭」的餐館推出的熱門菜色。它顯然源自歐洲：法國的côtelette，米蘭有cotoletta，德國有schnitzel，這些都是炸豬排。之後還出現各種油炸法，就像慢火油煎厚菲力的方法，或快速油煎薄肉片的作法。還有切碎白菜也是煉瓦亭發明的豬排標準配菜。

　　AN-PAN（あんパン）：紅豆麵包，麵包內餡是甜甜的紅豆沙。Pan（パン）源自法文的麵包pain。發明者是木村安兵衛（1817－1889），他是傑出的發明家和糕點業先鋒，他想在日本推行麵包，在1874年想出把和果子裡的甜紅豆沙anko（あんこ）放入麵包。後來明治天皇頒給這家糕餅店一張「御用達」認定產品為御用品，引發轟動。現在這家糕餅店「木村屋」仍然開在銀座，依然非常受歡迎。

　　CASTELLA（カステラ）：由麵粉、糖和雞蛋製成的海綿蛋糕，16世紀隨耶穌會士傳入日本。不過，castella這個名字有點神祕。有人說它來自西班牙的卡斯提亞（Castilla）地區，有人則說它源自葡萄牙語中的城堡castelo。長崎有很多castella麵包店，歷史可以追溯到17世紀。

　　CURRY RICE（カレーライス）：日本咖哩飯和印度菜一點都不像。咖哩是在1873年左右引進日本，原是英國海軍的食譜，意思是濃稠的燉菜，後來也成為日本帝國海軍的餐點。到了20世紀初，咖哩開始在大眾間流行，成為家庭常吃的料理。

為什麼日本有這麼多米其林星星

顯然，把日本視為美食聖地的美國廚師暨旅遊美食節目主持人安東尼・波登[13]無法再來日本了，日本做為美食聖地的原因不僅是日本料理，還有東京，東京比世上其他任何城市有更多米其林星星，且可以繼續臭屁下去。

從歷史上看，只要說到吃，日本人一直不張揚。就像前面說的，我們一直在佛教影響下避免吃肉，而餐桌上的奢華也多避免，這與武士道的堅忍美德一致。

第二次世界大戰後不久，日本全國都在挨餓。城裡的人在黑市上活了下來，直接去農村和農民以物易物。1950年代，日本人擺脫這種嚴峻的情勢，但食物仍然是我們集體精神下的某種迷戀。曾經被視為庸俗的美食，如今成為合法的追求。每個人都是美食評論家，沒有什麼比挑剔的美食家更能增進烹飪水準的。

從美食業的供給面看，日本的匠人傳統滲入飲食業。保守的日本料理界一直以來都有師徒制的傳統，這傳統散播到其他美食類別。有抱負的廚師搶著要做頂級大廚的學徒，然後去法國、義大利或其他美食國度精進廚藝。經過幾年的海外訓練，他們回到日本開設自己的餐廳，並憑著一己之力成為新一代「大師」，培育下一代徒弟。

東京作為超級大城的規模發展也幫助了這些新餐廳的老闆。如果是香港這樣的地方，房產的大小和密度都受到限制，承租餐廳一旦成功，房東就立刻漲房租。結果，顧客付在餐廳租金上的錢比花在食物上的錢還要多；而在這方面，東京對新進廚師就友善的多。幾家大型連鎖餐廳試圖用光鮮內裝和中央廚房的生產效率來打破這一周期，這與廚師要當場製作食品的理念相反。然而，日本美食家還是比較喜歡由老闆親自操作的小餐廳。

總而言之，日本現在有理想的生態系統讓高端餐廳興盛發展，從電視到出版業，各種媒體不斷散播美食消息引發競爭。似乎在可見的未來，米其林星星仍會在東京上空持續閃耀。

---

13 編按：波登（Anthony Bourdain，1956-2018）在2018年6月8日，在法國拍攝CNN旅遊美食節目《波登闖異地》時，在下榻飯店的房間輕生離世。

Why we have so many
Michelin stars

Wagyu: a misguided
obsession?

和牛：被誤導的癡迷？

　　肉類最近才真正進入日本料理。那是因為幾乎不需要高蛋白飲食的佛教僧侶對清修的影響，認為肉類不潔且不需要。

　　隨著西方文化的引入，一切都變了。歐洲的生活方式被認為很酷，又摩登又進步，西方食物也散發著高度進化和值得追求的氛圍。

　　更該考慮的是日本人的體格。經過數個世紀的忌食，日本人的平均身高在19世紀達到統計上的低點。當時，新政府正忙於建立一支能與西方列強匹敵的現代軍隊。從歐洲購買槍支和船艦很容易，但他們卻對增加日本士兵的身形無能為力，日本士兵怎麼看都比他們的歐州同行身材小。日本的飲食必須調整改善。

　　出於時尚和必要性，吃肉成為主流。

　　幾百年傳下的口味很難改變。除了從小就習慣吃肉的人以外，一般大眾很難食用肉類，尤其是牛肉，因為牛肉煮熟後氣味、味道都不像習慣的美食。因此，一開始把牛肉變成日本料理的努力是放在柔和牛肉的肉味和氣味。

　　在日俄戰爭的關鍵戰役，日本海軍上將東鄉平八郎（1848-1934）摧毀了俄羅斯帝國的波羅的海艦隊，贏得對馬海戰（1905），一時名震天下。在他年輕時，大概是1870年代，曾在英國念書。當他回到日本，曾聊到在英國吃過一道美味料理「燉牛肉」，一位有前途的海軍軍官急著拍馬屁，找了廚師試圖從東鄉的描述中再次做出這道料理。最後做出來的是今天在日本稱為「肉じゃが」的「馬鈴薯燉肉」，是一道用高湯、醬油、糖和甜清酒做成的燉菜。它很好吃，但一點也不像英式燉牛肉，加入的日本風味完全掩蓋住牛肉的天然風味。

　　另一道使用牛肉的日本早期料理（今天仍然很流行）是壽喜燒，它是牛肉切薄片加蔬菜放在湯汁裡燒，一樣，要加醬油、糖和甜清酒。

　　無論是馬鈴薯燉肉還是壽喜燒，食材只用牛肉片，日式調味料又破壞了肉的天然風味。等到牛肉煮熟，肉味已經煮到湯中了。

　　這不是料理牛肉的好方法。

　　當日本人習慣了牛肉的口感和味道，才開始採用真正的歐式烹飪法料理牛肉，例如爐烤和燒烤。吃著烤牛肉和煎牛排，日本人開始愛上牛肉的獨特風味。

為了應對這種味覺變化，日本肉類生產商開始養一種帶有獨特油花的牛，這種肉若用日式烹調，牠的脂肪不易融入湯裡。因此畜牧業興起一種風潮，開始爭相競養「大理石紋」豐富的牛，他們不僅增加肉中的脂肪含量，還將脂肪嵌合到肌肉纖維裡，讓牛肉看起來紅白相間就像大理石。

為了再增加牛肉價值，日本農民竭盡全力養出很肥的牛。他們限制牲畜活動，把牲畜關在牛棚裡，餵牠們吃特殊食物，有時候還讓牠們喝啤酒。他們放莫札特給牛聽，甚至分析各個牛品種的DNA，想找出哪一種牛最容易產生大理石紋。

但他們忘記做一件事：保護智慧財產權。「和牛」的意思應該是「日本牛肉」。但這個名字被澳洲農民拿去用了，澳洲農民希望利用這種趨勢，生產自己的大理石牛，並且把「和牛」品牌化。為了解決這個問題，日本生產商開始使用地區名稱對牛肉進行品牌標示，例如「神戶牛肉」或「米澤牛肉」。

有一種說法認為這種和牛風潮已經做得太過分了。牛肉要有一定量的不飽和脂肪才有益處，但目前的含量太高了，且為了產生這種高量脂肪，用的方法也不人道。無論如何，正如前面的說明，和牛風潮始於對牛肉的錯誤烹調法。和牛牛肉中的脂肪含量過高會使牛排變得很糟糕，你不會希望去吃一塊在自己肥油中游泳的牛排吧。

位於東京淺草地區的「千葉」（ちんや）是日本最老牌的壽喜燒餐廳之一，最近發表了一份「適當宣言」或宣稱牛的脂肪含量適當就好。說明他們重視牛肉的味道，但不僅是牛肉中脂肪的含量，過多的脂肪並不等於美味。我衷心歡迎這舉動，不只是因為我本來就最喜歡千葉餐廳的壽喜燒。

日本威士忌　Japanese whisky

　　威士忌如何來到日本在我們國家是眾所周知的故事，拍成當紅連續劇後讓這個故事變得更有名。

　　1918年，竹鶴政孝（1894–1979）前往蘇格蘭的格拉斯哥學習化學，之後在多家蘇格蘭釀酒廠實習。後來他帶著蘇格蘭妻子麗塔回到日本，在現在稱為三得利（Suntory）的工廠中製造威士忌。後來他創立自己的公司Nikka，三得利和Nikka生產的威士忌現在被認為是世上最好的威士忌。

　　三得利有個釀酒廠設在京都附近的山崎，選擇山崎是因為它的水，山崎出好水的名聲已傳了數百年。參觀山崎釀酒廠時，看到酒廠幾近吹毛求疵的態度維護威士忌酒桶讓我留下極深的印象。酒桶對威士忌的顏色和風味有極大影響，保養起來非常花時間又很貴。

　　威士忌這門生意的問題在於，即使產品廣受歡迎，你也無法立即提高產量。要實現更高產量預計得花十年的時間，釀酒需要耐心和謙卑。

　　日本威士忌很幸運的是最先代的蒸餾師擁有豐富的學識內涵，他們知道自己在做極困難的事，也尊重蘇格蘭原創威士忌的製造者及傳統。因為謙虛，這些新的挑戰者不願走捷徑，腳踏實地完成新壯舉。今天我們在日本威士忌中看到的品質有很大程度要歸功於此。

　　最先代的蒸餾師在引進這種外國烈酒時其實也尊重消費者。喝烈酒不是日本人的習慣，因為喝威士忌要慢慢喝。在戰後貧困時期，當其他酒精飲料的品質下降，威士忌酒商看到機會，這種飲料的受歡迎程度隨著日本復甦而增加。

　　在某種意義上，日本威士忌正處於十字路口。一方面產品品質和酒商勤奮自持，同時與日本作為經濟強權竄起的態勢契合，一段時間後，日本威士忌邁向成功之路。但他們現在進入「找尋靈魂」模式，確保往昔成就能繼續保持。舉例來說，三得利的Hibiki（響）調和威士忌在贏得世界頂級大獎後，就很難找到它了。三得利作為回應就把酒瓶縮小了，此舉遭到全球威士忌愛好者的譴責，說三得利搞小動作坑錢。

　　新形勢給日本威士忌酒商帶來挑戰，不僅要維持持既有的高品質，還要繼續培育品牌。這需要更加謙虛，還需要很多耐心和自制。

爐端燒與鐵板燒
Robatayaki and teppanyaki

日本人的飲食一向很清淡，在豪華程度上我們比中國人落後的程度以光年計。當中國皇帝可以命令太陽底下一切美味佳餚全擺在他桌上，日本人只能用當地食材。在八世紀，中國風仍在日本皇室獨占鰲頭，「中式」宴會也曾蔚為時尚，但時尚很快就消失了。顯然，日本人並不喜歡坐在椅子上吃飯的à la chinoise—中國風。這點無異議通過。

日本的用餐風格受到茶道的影響，而茶道又受到佛教禪宗及其精進料理傳統的影響。精進料理的意思是「精進修為的飲食」。禪宗僧人吃得清淡簡單，只求能維持靜定的生活方式就好。說是享用美食，倒不如說是填飽肚子，也許吃來沒什麼趣味但肯定很健康。

以上總總都意謂著，把聚餐當成娛樂活動的概念在日本人的意識中很晚才出現。而爐端燒（炉端焼き）是一種用餐方式，在客人面前把食物，通常是魚、貝類和蔬菜，放燒烤爐上，用木炭慢火烤，就像燒烤一樣。它的用餐形式仿照鄉村生活，家庭成員一起聚在爐邊圍著爐火吃飯。這種用餐形式在1950年代起源於仙台的一家餐廳。

鐵板燒（鉄板焼き）也是一種把食物放在客人面前製作的方式，是把食物放在熱鐵板上煎烤。這種風格是神戶一家牛排店發明的，在戰後迅速流行。然後在1960年代日本企業家青木廣彰在美國開了Benihana（紅花鐵板燒）廣受歡迎。繼美國成功後，它又進口回到日本。

爐端燒和鐵板燒加入了廚藝秀的概念，因此也替日本的用餐體驗帶來一點樂趣。爐端燒和鐵板燒餐廳的廚師會把食材耍得活靈活現的，客人看了也高興。

據說這兩種風格都是在戰後時期誕生的，當時日本人正從長期的食物短缺中崛起。對飢餓的記憶和恐懼正在消退，人們將飲食作為回復和平、享受初步繁榮成果的簡單方法。結果，替我們的飲食文化添寫了新的一頁。

Part 5 戶外活動

Life Outside

登山　Hiking

若說賽馬是英國國王的運動，那麼日本皇室的運動一定是登山。

它的漢字寫作「国見」，字面上的意思是「巡視國土」。這是日本古代的傳統，選在某個吉日，領主登上領地的最高點，照看土地，賜福以祝豐年，這是統治者的責任。

2019年5月1日，德仁親王成為日本新一代天皇，他讓國見達到新的高度。他從五歲起就愛上登山，已在日本各地爬過170座山峰。

有些人批評德仁的愛好，說他一定要有保鑣和掛衣架陪行才能登山，加上媒體採訪團，據說他的登山團隊約有一百人。德仁登山時，山路變得很擁擠，影響一般登山客。但從好的方面說，皇太子留下一條好像整修過的平整小道，路線標誌牢牢固定好，山上小屋被翻新，公共設施都是好的。

不管殿下有沒有批准，登山都是大眾流行的消遣。離東京不遠有幾座好山，甚至有超過兩千公尺的著名山峰，只需一天的路程，乘坐火車和當地小巴就可以輕鬆到達。

除了國見的古老儀式外，登山在歷史上還與宗教修行連在一起。一些佛教僧人一心求道，發願至名山朝山百日或千日。另外還有山伏，他們是一群追隨宗教傳統在山上修行的人。他們穿著山伏的特殊裝束，在山上過著艱辛的野外生活，接近山精水靈，把修鍊武術當成修行。即使到現在，普通人還會把山伏當成嗜好或像改換生活體驗一樣，撥一段時間參加山伏訓練。

相較起來，主流的登山客就是比較隨和的一群人了。然而，他們與那些古老傳統追隨者有著共同心念，到山上暫避俗世的繁忙庸碌。山區森林乾淨清新的空氣是充分的回報，日本人創造「森林浴」這個詞描述這情況。他們說，「沐浴」在森林的新鮮空氣中對身體有正向的影響。這點沒有人可以反對。

有時候山上太擠了，尤其是在秋天時節的秋色之中，這情形可能與人們尋求的寧靜相去甚遠。就算如此，你還是會意識到人們在山上脾氣要好得多。陌生人交會時會彼此問候，有時給往上爬的人說些鼓勵的話。好像日本的戶外活動有神奇的魔力，可以引導出人性善良的一面。對我來說，這就如同宗教體驗。俗話說，「不用入山求智，而是因智近山。」

領養來的國球：
棒球、足球⋯還有橄欖球？

　　由於武術傳統，日本人一直喜歡把運動賽事當成鍛鍊身體。過去缺乏運動當成遊戲的概念，也就缺少了各種歡樂。有些人透過劍道將自己奉獻給劍術，或透過柔道和其他近身搏擊一生致力武術，他們都是堅忍的斯多噶信徒，從自己的鮮血、汗水、辛勞和眼淚中得到滿足。因此，當美國教師霍勒斯・威爾遜（Horace Wilson，1843-1927）在1870年代向日本學生介紹棒球比賽，他基本上是在火藥箱點火。

　　棒球廣受歡迎，而且流行得很快。棒球告訴日本人體育活動也可以很好玩，也讓我們對團隊運動帶來的愉悅大開眼界。

　　早稻田大學是日本著名的私立大學，在日俄戰爭最激烈的1905年將學校棒球隊派往美國。這支團隊帶回最新的美式技術和教練方法。在早期，早稻田和慶應大學間的年度兩季聯賽被視為日本棒球界的頂尖盛事。在1906年的系列賽中，兩大學先各拿下一場勝利，但球迷太瘋狂了，不僅威脅學生球員，還跑去威脅裁判，最後決定性的終戰不得不取消。

　　有些人不屑棒球。從日本武術堅忍刻苦的高度來看，棒球似乎像是精巧版的鬼抓人遊戲——充滿樂趣，不用受太多苦。但是，棒球占了上風。第一支職業棒球隊於1920年成立，到了1936年組成職棒聯盟。棒球依然是日本最受歡迎的運動。

　　日本自1870年代以來就踢足球了。關於這項運動在日本的真實起源有很多故事和說法，多說起於橫濱、神戶等港口城市，那裡有很多外籍人士出沒的俱樂部會隨機找人比賽。無論如何，足球在19世紀末和20世紀初逐漸在學校散播開來。

　　足球不像棒球，棒球剛引進日本時還是很年輕的運動賽事，但足球已有相當長的歷史了，因此日本這個新手很難趕上世界他國的程度，國際賽事遭遇幾次屈辱。

　　1993年，日本成立職業足球聯盟「J聯盟」（J.League）。在日本足球協會強勢領導下，設立充滿活力的國內職業聯賽，開始將精英球員帶入國家隊，希望能重新確立日本足球的地位。從此，日本開始贏得國際比賽，也成為經常打入FIFA世界盃的常規球隊。到現在，足球在日本是僅次於棒球和相撲的第三大運動。

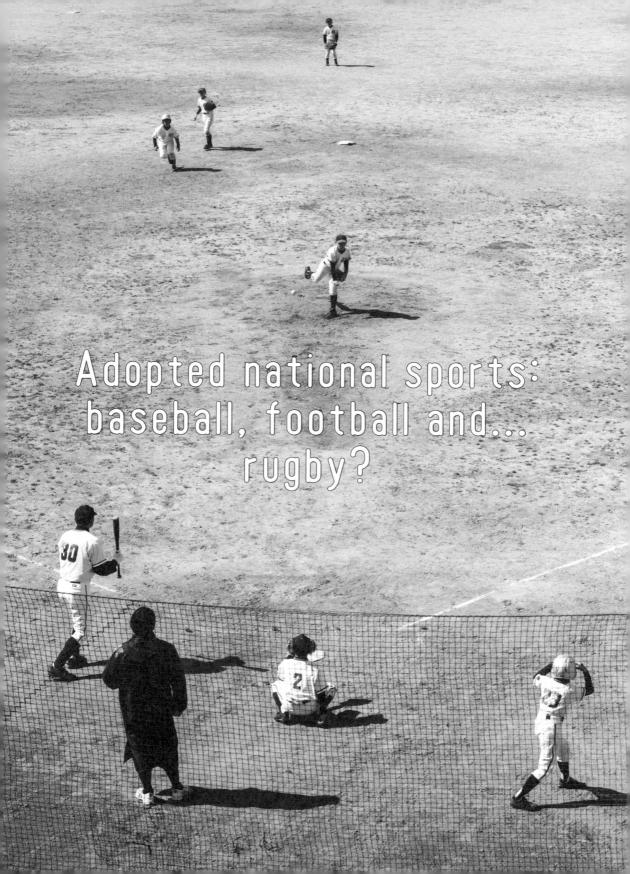
Adopted national sports:
baseball, football and...
rugby?

就像棒球和足球，橄欖球自1870年代起就出現在日本了，但早期主要都是外籍居民在打。日本人和外國人的身材差異顯然在運動參與上起了很大作用，日人對橄欖球的接受度相形之下也較緩慢抗拒。但在1899年，生於橫濱的英籍教師克拉克（Edward Bramwell Clarke，1874–1934）在慶應大學教書，認識了在英國念書時打過橄欖球的商人田中銀之助（1873–1933），在田中的幫助下，克拉克開始教慶應大學的學生打橄欖球。

　　從1920年代開始，橄欖球就因為大學生的校際比賽穩步經營成一種流行運動，但災難發生在大約60年後，也就是日本受邀參加1987年的第一屆世界盃橄欖球賽（RWC）。

　　自此日本參加RWC從不缺席，但30年間，不斷在失敗中灰頭土臉，其中最慘痛的經驗是1995年對上紐西蘭，在黑衫軍的手中以145-17的比數慘敗。但也有其他紀錄，如1991年對陣辛巴威以52-8獲勝；2007年與加拿大對戰打平。

　　日本橄欖球要等到2012年才真正甦醒，澳洲人艾迪・瓊斯（Eddie Jones）接受任命擔任國家隊總教練。在瓊斯的帶領下，日本隊才開始有了國家代表隊的驕傲，在2015年RWC賽事，日本對戰南非以34-32的比數得到史上最驚人的勝利，然後在預賽又贏得了另外兩場勝利。

　　隨著2019年RWC在日本舉行，橄欖球的受歡迎程度正在提升。但這種情勢會在未來把橄欖球運動帶到多遠，一切還值得觀察。

相撲：對大塊頭的讚揚

如今，相撲正處於困境。無論作為體育賽事還是文化傳統，它都無法下定決心。就像世上其他摔跤運動一樣，相撲的歷史可以追溯到神話時代。在神道教中，天照大神的子民來到早已住著國津神的日本。新來的神族一員建御雷向原住的國津神建御名方挑戰相撲，在這場大戰中建御雷壓倒建御名方，而建御名方逃往今日的長野，重傷不治。最後成為諏訪神社的主祭神，而至今諏訪神社仍然訪客不絕。

在皇帝統治日本期間，相撲比賽是一種娛樂，是宮廷排定的一項活動。天皇或朝廷在日本各地積極尋找又大又強壯的力士當職業相撲手，每年夏天在天皇面前舉辦一年一度的相撲大賽。據信，這種相撲比賽是獻給神看的，為了祈求豐年。

隨著天皇及皇室的權力衰弱，相撲作為祭典儀式的情況也變少。但它以娛樂活動的形式活了下來。但是專業的相撲手發現在傳統競賽贊助商和主辦者離場後，他們很難謀生。戰國時代著名的大名織田信長（1534–1582）變成相撲的救世主，他是相撲的狂熱鐵粉，親自制定相撲規則和制度。

在德川幕府保證的和平下，流行文化蓬勃興盛，相撲成為大眾的娛樂活動，相撲力士再一次需求旺盛。而推廣者也熱切地想為比賽提供適當的氣氛和環境，引進了排名制度以及今日我們認識的專業名稱，例如橫綱。

職業相撲的主辦者為了增加比賽的華麗盛大氣氛，讓裁判穿著不合時宜的服裝。相撲選手的晉升，特別是升到橫綱等級的最高階，是一種古老傳統，由日本相撲協會在已做「大關」的特定力士中選出。現今相撲越來越不像一項運動，反而像是傳統的拼湊，但事實上卻源自現代。

最近，相撲力士的身材開始變得更大，這意謂即使大塊頭的力士在小空間裡施展的技巧比較少，但還是經常獲得勝利。本土人才也越來越少，許多高階力士都來自蒙古。一年六次15天一期的相撲賽（如此安排直到1949年才成為標準賽制），造成相撲力士極大的身體傷害，不斷有傳言說力士為挽救自己的排名和身材而比賽造假。

簡而言之，在這種現代背景下，職業相撲界有了麻煩。需要改革和改善的地方太多，但由於不合時宜的規矩難以維持文化傳統，改革變得阻礙重重。這似乎不會有簡單的答案。

Sumo: in praise of
the big men

去京都吧！ Let's go to Kyoto

　　JR東海是日本的鐵路公司，經營東京和京都間的新幹線「子彈列車」。 1993年，JR東海做了一個推廣前首都的宣傳企畫案，廣告標語上寫著：「是的，我們去京都。」宣傳非常成功，以致這個口號一直沿用至今，讓許多度假者跳上超快列車滿足他們的旅行需求。

　　在1960年代初期，子彈列車才剛剛開始建造，世界銀行為這項計畫提供了八千萬美元的貸款。有人懷疑客運專用的火車服務會成功，這種悲觀情緒經證明是錯的。在東京和大阪間開通營運的第一年，這輛子彈列車每天平均載客84,000人，到了第五年，這一數字迅速上升到每天約231,000人。

　　旅遊業在日本的休閒中占很大比重，我認為，原因是我們的生活方式很悶又很封閉。回到日本主要產業還是農業時期的時候，那時候的勞動者不時需要注意農地，人們受到土地約束，幾乎沒有時間踏出村子探險。後來隨著商業活動出現和城市人口增加（主要是江戶時代），工人也沒有像我們今天一樣有周末休假。假期限制在夏季盂蘭盆節（お盆），藉著崇敬祖先的時機放幾天假。然後在慶祝新年的時候放三到七天的假。在這種幽閉恐懼症的限制下，人們渴望旅行逃開日常。

　　在江戶時代，對那些有幸能休假、也有錢能休假的人來說，最受歡迎的目的地是伊勢神宮了，就如之前所說，伊勢神宮供奉著天照大神。當時從江戶走到伊勢，再到京都，足足要走兩個星期（一般人很少騎馬）。那時東海道沿線有令人驚嘆的美景（現在依舊如此），特別是富士山，以及散布在東海道沿線以海鮮聞名的旅遊城鎮。

　　人們需要出去走走，目的地僅是名義上的目的，重要的是這段旅程，讓人們逃離家庭生活的現實。這些理由今天仍然適用。當今日本，多數人仍被終身雇傭制束縛，每天如老鼠賽跑的競爭日子已跑不動了，因為路上已擠滿了人。大家需要從現實中解放，短暫休息，過個週末假期。京都是個好去處，它很方便，總是不乏美景好物可看。但是不能走得太遠，必須及時回到平淡，而窩在家的舒服日子總是過得太快。回來的遊客總是說同樣的話：「京都到處都是遊客！」。換句話說，人們是寵愛自己的。

溫泉　Onsen

　　由於火山地形，日本有很多溫泉，地下水被地熱加熱後滲入地表。泉水溫暖且富含礦物質，溫泉長期以來都因為有治療功效而受到重視。溫泉旅館興起，從簡單附早餐的住宿到有全面娛樂設施的度假中心，在各個溫泉勝地旁一家一家開。這些地下水稱為onsen、溫泉。

　　溫泉是法律定義的術語。1948年頒布了溫泉法，目的在保護溫泉及其安全使用（防止天然氣爆炸是個大問題）。溫泉若要得到官方許可，水溫必須高於一定溫度，並且水中所含礦物質或其他物質必須高於一定水平。

　　從北海道的北端到沖繩的南部諸島，全日本有超過三千個溫泉中心。有些因為地理位置靠近傳統的人口中心，所以更出名。神戶附近的有馬溫泉是有紀錄的最老溫泉。無疑，它因為靠近京都和大阪而得利，儘管也因為水質具有治療效果而聞名。同樣，神奈川箱根附近的溫泉因與江戶（也就是之後的東京）距離較近，並且位於江戶和京都往來的東海道路線上而廣為人知。

　　也有因為治療效果而聞名的溫泉。群馬縣的草津溫泉地處山林深處，車馬難至。然而，溫泉水質富含硫黃，向來被認為可以治療或緩解一點梅毒、麻風等疾病症狀，因此數百年來一直是最受歡迎的知名度假勝地。

　　當然，你不必生病也能享受溫泉。自從19世紀旅遊業興起，它們一直是很受歡迎的旅遊景點，不斷吸引遊客來草津度週末。

　　在戰後，現代的溫泉會館成為主流，基本的形式就是冷漠的商務酒店，設有寬敞的多功能房間，供企業客戶招待自己的員工或客戶。最近，客人變得越來越挑剔，旅館老闆在建築、室內設計和服務風格方面的個人美學令人無法忽視。食物也變得更重要，一些高端溫泉會館還提供名廚以當地食材烹製的精緻美食。

　　火山和地震是日本生活中討厭的事。在這種情況下，溫泉是大自然帶給日本人最好的補償。當我們沉浸在地球天然鍋爐的熱水中享受泡澡，可以不用害怕擔心我們腳下的地球運動。

帶我去滑雪

1987年上映了一部了無新意的電影，是關於一對年輕夫婦以滑雪勝地為背景展開的浪漫喜劇。那部電影《帶我去雪地》（Take Me Out to the Snowland，私をスキーに連れてって）後來大大賣座。

80年代後，日本在泡沫經濟的狂潮中洋洋得意。年輕一代掌握現金，但是對如何使用它卻很少有想法。滑雪正變得越來越流行，但電影將它推向主流，大家都開始擠在滑雪道上。

儘管度假勝地的基礎設施很糟糕，加上長期投資不足，以致排隊等纜車要等上一小時甚至更久，但是滑雪對日本年輕人是「很酷的事」。著名王子飯店集團是日本滑雪勝地的主要開發商，目前王子集團旗下還有多家滑雪場。

但是經濟泡沫破裂後，滑雪度假是人們在緊縮時期不做也行的首批奢侈品。1993年日本大約有1800萬滑雪者，到了2013年數字降到800萬左右。當王子飯店的老闆西武集團受到嚴重詐欺醜聞的衝擊時，又讓滑雪風氣受到另一次重擊。許多滑雪勝地的規模都縮小了，不是關閉，就是變回以往住得不好、早餐不佳的安靜溫泉旅社。

隨著中國經濟開始大鳴大放，那些80年代在日本滑雪熱潮中賺過錢的人開始將90年代的希望寄託在他們的大戶鄰居上，對事業再次充滿信心。中國的滑雪熱潮並不像他們希望的那樣普遍，但是一大把新貴富豪開始從事這項運動，他們更喜歡去日本從事這項新愛好。

日本目前正在經歷第二次滑雪熱潮，但與第一次有很大差異。最大的不同就是日本旅遊業稱的「境外業務」，澳洲人和中國人來日本享受「Japow」（日本粉雪）。他們尋求一流的度假勝地滿足他們的高期待，而不是往昔一小時以上的等待時間。早期較能合乎需求的地點，例如北海道的二世谷，或長野縣的野澤溫泉和白馬村，都已成為贏家，而其他人仍然夢想著過去的輝煌，只要滑雪者站在擁擠的斜坡上就夠了。對於那些人來說，滑雪不滑雪並不重要。就像電影中的演員一樣，他們只是在懷念自己年輕的往事。

Take Me Out to
the Snowland

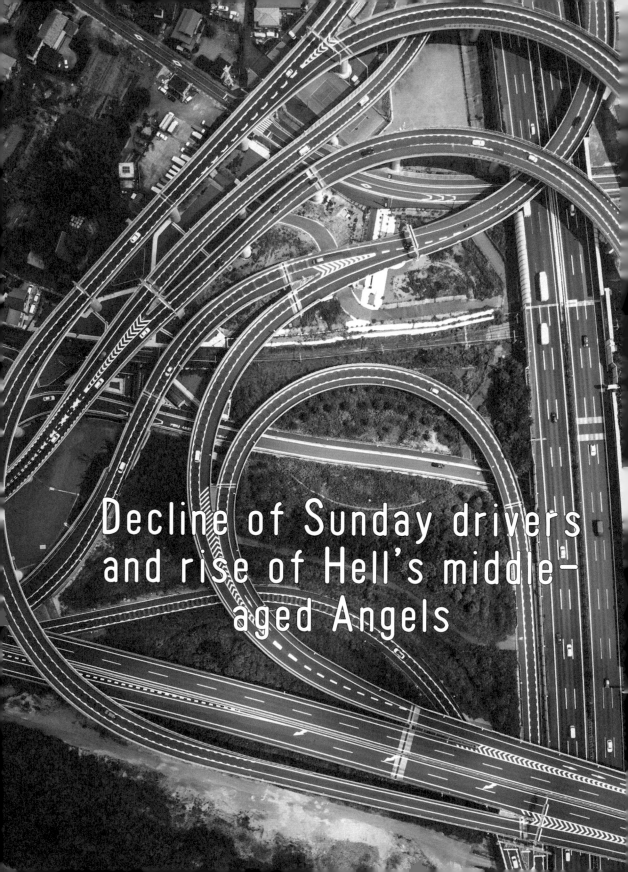

Decline of Sunday drivers and rise of Hell's middle-aged Angels

星期天司機的減少和
地獄中年天使的崛起

截至2017年9月，日本道路上約有8100萬輛汽車，其中約6100萬輛為私家車。

與新聞報導相反，傳統汽車工業衰退是言之過早且誇大的說法。儘管人口減少、經濟停滯，日本的汽車持有率一直在穩定成長。

儘管如此，在日本汽車工業中對末日審判的說法仍有空間。一方面，熱情已經消逝，特別是年輕世代。在20多歲的人中，對汽車有興趣的人數在2001年至2011年間下降了近30%。男性的下降幅度大於女性。

很多「專家」對此趨勢提供各種解釋。一些人認為，在經濟艱難時期，擁有汽車的成本過於繁重；其他人則認為，如今的汽車並不像過去的那樣有趣。我確定「專家」的觀點是正確的，但是他們較從製造商的角度理解這個問題，如此，只是擴大汽車工業遊說者的論點。而事實似乎是，消費者只是改變了他們的優先順序，在現代日本擁有汽車既不是必需，也不酷。

正當汽車製造商擔心即將到來的厄運時，無論是出自想像還是其他原因，摩托車行業一直存在，且有T恤為證。在1980年日本生產超過600萬輛摩托車，到了2016年，這個數字約為56萬輛，即使如此，摩托車製造商仍在談論「景氣」。儘管年輕人遠離所謂的「自殺機器」，但老年人似乎全擠回兩輪，數量之多，以致摩托車騎士的平均年齡多超過50歲。摩托車為中年危機者提供了比保時捷或法拉利更便宜的出路，哈雷機車幾乎壟斷了三分之一的市場。不幸的是，銀髮重生的野生騎士人數增加的另一面是，老年騎士的死亡人口正在增加。

摩托車可能為汽車指出前進的方向。將來人們選擇交通工具不是考量必要性或方便性，而是考慮喜好與生活方式。

釣魚 Fishing

　　釣魚在日本是大事，有七百多萬釣客，而且還是有悠久傳統的休閒活動。在江戶時代，山形縣的大名鼓勵武士學習捕魚，在戰時擁有捕捉野生食物的技能是很寶貴的。隨著城市化的腳步加快，人口往東京和大阪等大城市集中，捕魚成為城市居民的嗜好，是讓他們能走入戶外大自然的活動。

　　在60年代和70年代，釣魚活動的主要目的是抓到那條魚。如果你覺得這是廢話，那麼你顯然不是釣魚活動愛好者。當釣客急著釣更多魚時，河流和沿海水域的魚群卻減少了。為了讓這種靠釣友支持的脆弱農村經濟得以維持，地方政府以及從事漁業的休閒業者開始將養殖魚類放入水中補充魚種，特別是在淡水捕魚區。一些釣友還私下引進外來物種，例如藍鰓和黑鱸這種生存能力向來出名的魚種。這些炒短線又短視的干預措施對生態系統產生極嚴重的負面影響。到最後，即使很慢，都會衝擊到生態環境，也衝擊釣魚活動，如今，釣客已採用21世紀期望釣客做的捕魚方式了，捉起再放生成為常態。

　　日本釣魚以方法眾多而聞名。儘管漁獲量仍然很重要，但選用什麼釣法是身為釣客的驕傲。釣魚的方法越難，釣友受到的尊敬就越大。

　　「天唐釣」（Tenkara、テンカラ），俗稱「日式毛鉤釣」，是日本很流行的垂釣方式，就是用手竿綁固定釣線、釣鉤用毛鉤。「擬餌釣」（lure fishing、俗稱路亞釣法）不需要廣闊空間，所以也很流行，而且因為路亞釣法可用來釣特定魚種且適應特定釣魚地點，向來討論熱烈。在日本，更奇特的捕魚方法還有用活魚作誘餌的「香魚釣」（Ayu、アユ）。香魚具有極強的地域性，因此，如果在領地上看到另一隻同種，香魚就會發動攻擊，然後被活魚餌上的鉤子鉤住。這種在水下引誘香魚的技能多半需要數年才能掌握，釣客之間的競爭非常激烈。

　　日本最獨特的釣魚方法也許就是「小魚釣」（tanag、タナゴ釣り）。タナゴ，漢字寫作「鱮」，就是一種小肉鯽，只會長到6到10公分，生活在田間或灌溉溝渠中。要釣到牠們，就要使用很小的微型釣竿和超小釣鉤。狂熱者聲稱，就刺激性而言，使用精緻技巧的小型釣具釣小魚等於使用大型魚又捕鯨。當然，這全是釣客心裡話。就像從盆栽小樹可看到茂密森林一樣，這幾乎像在參禪了。

山人　People of the mountains

　　日本國土70％是高山，綿延山脈和無盡溫帶雨林覆蓋大地，因此，毫不奇怪，高山提供的豐富寶藏對於歷史長達一萬四千年的繩文人原住民來說，山林有多重要。山上有野味，有野豬和鹿，有大量水果和堅果，都能從樹上採到。

　　山人[14]最終向東和向北走退，那裡的氣候和地理條件讓種水稻更加困難，但有些人還留在山上。對於那些生活在平原上的人來說，山林成為避難場所和禁地。時間快速流轉，禁忌變成跟聖潔有關。隨著日本經濟進步，市場在兩個世界的邊緣相遇：它需要山人的專業知識。我們在日本各地看到的所有用到雄偉林木的建築，如古老寺廟或神社都需要木工的專業技能。只有他們知道如何徒步穿越群山到達指定樹木，只有他們知道如何砍伐樹木運送到下游各個建築工地。他們還製作精美的木工藝品、花瓶、碗和各色產品，可以原樣使用，或作為漆器的內裡。

　　山脈看似堅實不可摧，山人卻有能力穿越其中並在惡劣條件下活下來，這樣的能力讓「平地人」心懷敬畏。由於山人生活在正常社會階級和結構之外，因此與外人的關係總是存在歧視。然而，人們認識到這些高山居民的超人特質，他們傳下來許多不思議的怪奇物語。鬼故事很多，山精鬼魅多從高山或深山祕境下來，跑到農民間惡作劇。據信「鬼」（oni）這個字就是從「大人」這個詞衍生出來的。

　　隨著19世紀中期西方文明的傳入和日本的工業化，稱為「山窩」的山人聚集地減少了，城市化與在城市工作的便利性使他們離開山區。戰後經濟復甦和林業機械化終使最後一批山人遠離祖先的居住地而進入城市。

　　但是，仍然有相信高山的人住在日本深山的幽林祕境，他們的遺產藉由山人的木工傳統繼續存在。

---

14 譯註：山人yamado原指住在日本中部高山的原住民，但慢慢變成住在日本內陸高山地區從事林務、製作木工、通曉山林大小事的山林達人。

Part 6

室內生活

Life Inside

圍棋：日本溫布敦
Go: Japanese Wimbledon

日本圍棋，寫作「囲碁」或簡稱「碁」，是一種棋盤遊戲，據信是2500年前中國人發明的。玩法是兩名玩家輪流在19×19的網格相交處放上黑色或白色「碁石」。網格上的每格交叉點都算一塊領土，兩名玩家比賽誰能用碁石圍住更多的領土，如果碁石被對手隔離且包圍，就算輸了。

圍棋的規則很簡單，但是比賽很複雜，戰術戰略也是。IBM的超級電腦深藍（Deep Blue）在1996年的國際西洋棋比賽就擊敗了西洋棋大師卡斯巴羅夫（Garry Kasparov），但圍棋要到2015年才由Google DeepMind開發的AlphaGo擊敗人類。

日本圍棋大約在七世紀左右從中國經韓國傳到日本，在貴族間流行。到了14和15世紀，圍棋跨越了階級鴻溝，出現職業棋手，他們被有錢有勢的人聘為老師並成為隨從。在江戶時代的和平時期，德川幕府向圍棋大師提供贊助，老百姓開始去棋社參加比賽、研究圍棋戰術。

目前，日本擁有約250萬名圍棋選手，全世界約有4000萬。日本的職業圍棋優勢比其他國家更早，因此在20世紀的大部分時間，日本一直穩拿世界冠軍頭銜。但自從1980年代後期以來，東亞舉辦很多國際賽事，例如「LG盃世界棋王賽」和「亞洲盃電視圍棋快棋賽」等。日本在短暫的領先地位後，由中國和韓國的大師占據優勢。

實際上，圍棋已經成為國際比賽，由日本、中國和韓國「三巨頭」鎖定，不斷爭奪寶座。但我相信這是健康的。大家一起慶祝共同的遺產，由各國代表棋手互相認可彼此的優越。這是經常吵架國家的某種共同利基點，大家可以在這個利基點上聚在一起，進行和平、沉思的遊戲。

將棋：日本象棋
Shōgi: Japanese chess

　　世界各地都有不同形式的象棋，日本的「將棋」就是其中一種變形，歷史可追溯至古印度的四角棋「恰圖蘭卡」（chaturanga）。印度四角棋到了中國變成中國象棋，到了韓國變成韓國將棋。

　　這種象棋變形何時傳到日本已無可考，但據信象棋傳入各地的時間大致相同。因為各地象棋的棋子不同，走法不同，以致國際上各種象棋的複雜度也不同。早期日本象棋版本還有大象和老虎等具有異國情調（對於日本而言）的棋子。

　　到了7世紀，象棋已經簡化了，變得一致，有規則，並發展為類似現代象棋的遊戲，同時加入「持ち駒」的概念。日本在這種獨特的規則下，從對手那裡贏來的棋子可以變成自己的棋子再拿來用，可隨時放在棋盤上的任一地方，如此增加遊戲的複雜度。

　　就像圍棋一樣，將棋也得到德川幕府的支持，被所有階層喜愛。明治維新也代表兩種棋賽都失去贊助。1924年，專業的將棋棋手成立組織，組成日本將棋協會。

　　但與圍棋不同的是，將棋是日本特有的。它與海外玩家的互動很少。儘管如此，將棋約有五百萬名棋手，比日本圍棋的棋手還多。乍看之下，圍棋擁有幾何的神祕感，給人複雜機巧的感覺；而將棋具有直接的視覺吸引力，下棋更有戰鬥力。無論新時代或古時候，各代將棋大師留下很多著名的棋局故事；流行歌曲、電視劇、電影甚至漫畫也書寫將棋棋手的故事，這些都讓將棋有更多粉絲，也持續儲備未來的將棋大師。

武術　Martial arts

「子不語怪力亂神。」

根據中國哲學家孔子的說法，這句話像是命令般反對任何武力的追求，至少並不贊同。20世紀初，中國對抗外國勢力的庚子拳亂失敗了，部分原因是「拳民」，也就是西方詞彙所說的武術從業者，一般被中國精英認為是組織犯罪的幫派份子，而中國精英無一不是接受儒家思想的教導。

但被中國人視為蠻夷之邦的日本就沒有把舊主當成榜樣。此外，在近代歷史中有很長時間，日本都是由孔夫子告誡最多的武士所統治，武士就是練武階級。話雖如此，武術的興起要等到三百多年前德川幕府帶來和平後才在日本開始。在此之前，人們不學武不練武，現實生活給那些願意嘗試武術、又能給別人帶來致命後果的人提供了充足的機會。

在德川幕府時期，武士成為世襲的公務員，為幕府將軍或封建領主執行民政工作。但是武士必須保持戰士的外表以維持社會地位，所以各式各樣的劍術流派開始發展，「劍道」出現了。技術熟練的劍客可以找到工作，以致劍術大師遍日本。

劍道隨著「竹刀」的發明而變得更加流行，竹刀是練習用劍，是把竹子劈開後捆在一起。以前，劍道是用木劍練習的，木劍雖是鈍器但會致命，訓練也是與人打架，用木劍也很危險。另一方面，竹刀就比較柔軟，可以讓參與者安全地進行模擬戰鬥。另外，劍道也引入運動和競賽的元素。

柔道的創始者是嘉納治五郎（1860－1938），他出身神戶從事運輸業和釀酒出名的富商家庭。當時一直把柔術，也就是沒有武器的近身搏擊，當成比較廣泛的武術，但嘉納賦予柔術一套架構、比賽規則，讓它變成全世界都能練的運動。

空手道的字面意思是「空手」，實際上起源於中國的功夫武館，並在沖繩發展。它於20世紀初引進日本本土，並迅速發揚光大。

由於日本武術的傳統以及人們重視也從事這些藝術和運動，武術名人享有名望和體面的生活。傳統延續到現代武術的變種，例如終極格鬥。參加者在日本通常受到武術愛好者的尊敬，他們被視為武術大師而不是演藝人員。在日本的每個角落都可以找到劍道、柔道和空手道的道場或體育館。

　　對於中國人而言，不幸的是，要靠李小龍才使他們擺脫孔子的偏見，他在1972年的電影《精武門》中把日本武術家打得天昏地暗。儘管如此，日本人還是很愛很尊敬李小龍，因為他是武術大師。

從任天堂到最終幻想

電子遊戲機製造商任天堂（Nintendo）於1889年在京都成立，最初是一家紙牌遊戲印刷廠，1983年公司開始推出遊戲機Family Computer（簡稱為FamiCom），從那時起一切就變了。幾年後，世界其他地方也有機會買到相同機器，但名字改為Nintendo Entertainment System，即NES紅白機，這款遊戲機，任天堂賣出近6200萬台。

任天堂和其他遊戲機製造商很快意識到，好的軟體可以增加銷售。突然間，製造商不得不發揮創造力。

任天堂在1983年推出的遊戲《超級瑪利歐兄弟》擊敗對手Sony獲得第一分。瑪利歐和路易吉是從著名街機遊戲《大金剛》（Donkey Kong）的角色開始發展生命的，但沒有人想像得到，這兩個由日本男人創造、滿臉大鬍子的義大利裔美國水管工兄弟會在全世界大受歡迎。當然，遊戲只有兩個熱門角色是遠遠不夠的，他們必須進行驚人的冒險才會賣，越冒險越好。任天堂的開發人員變成講故事的人，並於1985年推出《超級瑪利歐兄弟》系列遊戲，其中瑪利歐和路易吉（如果是第二個玩家的話）參加各種冒險活動。瑪利歐兄弟去冒險的想法很快在1986年演變為《薩爾達傳說》（ゼルダの伝説シリーズ）的角色扮演。迄今《超級瑪利歐》系列已售出超過5億套，而《薩爾達傳說》到2017年銷售量衝破8000萬套大關。

任天堂很幸運，因為瑪利歐和他的同伴們都各自有擁戴者，就像迪士尼的米老鼠和他的朋友一樣。但是專業遊戲軟體公司一家家冒出頭，在遊戲設計和故事編撰上都有高水準。主要例子包括1986年首次出現的《勇者鬥惡龍》系列（Dragon Quest），以及1987年開始發行的《最終幻想》系列（Final Fantasy）。

隨著遊戲銷量增長，它們對社會產生巨大影響。幾乎每家每戶都有一台遊戲機，隨著孩子長大，他們繼續玩耗費時間的角色扮演遊戲。遊戲名字成為在學校結交朋友的方式，選擇不再是要選女孩或遊戲，而是哪個遊戲勝過另一個。我故意使用「女孩」這個詞，因為在那個階段，大多數遊戲玩家都是男孩。

但最近，遊戲熱潮似乎已失去動力。在大約30年的瘋狂後，新奇感終於消失了。遊戲機變成家具的一部分，瑪利歐的俐落動作不再印象深刻。從脈絡上看，好

像孩子們天生的平衡感讓他們變聰明了，對花時間在遊戲機上感到不安。因為把時間花在這些遊戲上實在太浪費了，會讓你錯過⋯⋯YouTube上的東西。

From Nintendo to
Final Fantasy

從黑澤明到吉卜力工作室

　　日本電影遭遇的最大悲劇是第二次世界大戰。當電影作為一種藝術形式在全球達到頂峰時，日本電影被主戰派視作宣傳工具。喪失創作自由使日本電影窒息。

　　戰後，電影是大眾娛樂之王，一時間百花齊放，但經不住時間考驗。1954年大約發行了50部日本電影，其中之一是導演黑澤明（1910–1998）的傑作《七武士》，它才是日本電影的首張王牌。

　　日本人對《七武士》和黑澤明其他電影的印象是，它們很「西方」。如果讓另一位導演拍「七武士」，他會交代更多時代、地點、每個武士的背景等故事細節，最後的結果會讓這部電影更有通俗化的吸引力。但黑澤明的這個故事並沒有與我們日本人熟悉的任何地理、歷史或事件相關且盡量模糊化這些背景，這使我們有些不安。在此意義上，黑澤明電影的戲劇性突破了日本傳統和情感表現。他還拍了受莎士比亞啟發的武士電影，受《馬克白》影響的《蜘蛛巢城》，受《李爾王》啟發的《亂》，並且將愛德華‧麥克伯恩（Ed McBain）所著偵探小說《金格的贖金》

《King's Ransom》拍成《天國與地獄》。黑澤明也說他的偶像是美國導演約翰·福特（John Ford）。

比較符合日本人口味的是小津安二郎（1903-1963）的電影，最知名的是在《七武士》上映前一年推出的《東京物語》。小津的電影沒什麼動作，他的故事是對普通人日常生活的觀察。甚至小津運用著名的低角度拍攝技術，讓觀眾感覺好像和演員一起坐在地上眼睜睜地看著事件發生，讓我們覺得就像在自己家。

不幸的是，在黑澤明、小津或其他電影人大可以復興日本電影業之前，它就開始衰落。人們待在家裡看電視。同時，日本電影幾乎停滯了，沒什麼變化。那些在1950年代留下的寶石，只屬於日本電影短暫的黃金時代，它們就像一直放著的時間膠囊，對我們來說更像是「外國的」。

日本電影憑藉1990年代吉卜力工作室的動畫電影重回世界舞台。但是吉卜力創作的大多數故事發生地點都不在日本。甚至是奧斯卡得獎大片《神隱少女》也在以普通日本風景開場後迅速讓觀眾進入一個幻想世界。

儘管最近我們有一些不錯的日本電影，但要透過電影鏡頭和銀幕來看日本卻很奇怪。也許我們還在努力彌補電影在戰爭年代因製片傳統中斷而留下的空白。

古典音樂 Classical music

　　古典音樂對有階級意識的人頗有吸引力。有人會想，去聽歌劇表演的觀眾有多少百分比就只是因為熱愛音樂，而又有多少人是為了沽名釣譽。

　　從一開始，古典音樂就因為優雅的魅力吸引日本人。在音樂上，日本的文化底蘊有限，只看到所有音樂家都繫著白領帶，穿著燕尾服，帶著閃閃發光的樂器，打扮得極致尊貴，散發無上的成熟高雅。

　　日本在19世紀中葉向西方文化敞開大門後就開始製造鋼琴，但是要到戰後，一般老百姓才買得起鋼琴，鋼琴才受到大眾歡迎。那時，鋼琴製造商已經把學校對樂器的需求全都開發完了，開始將一般家庭作為他們下一個市場。隨著經濟起飛、家庭收入增加，直立式鋼琴成為那些想維持體面的人的重要奢侈品。

　　一旦有了鋼琴，建議還是要會彈才好，因此，這些中產階級家庭的孩子被送去上鋼琴課。

　　我懷疑那些來自發展中國家或日本、韓國以及當今中國的所有古典音樂神童都是以這種方式創造的，這可能是國家中產階級一生中最無威脅性的表現。

　　我從小被送去上鋼琴課，為了要彈祖父母很久以前為我姑姑買的鋼琴。我並沒有成為日本的莫札特或郎朗，遠遠比不上。但是，儘管我對鋼琴課缺乏熱情，並沒有阻止我欣賞古典音樂。當時在日本，有位樂評家對古典音樂做了和美國酒評家帕克（Robert M. Parker Jr.）對葡萄酒做的事，把所有主要唱片加以編目，並給予純屬個人意見的評級。身為青少年，我想我一定是受了這種商業勢利主義的影響而泥足深陷，開始按照樂評家的建議收集唱片。很快，我在家中就收藏了相當可觀的德意志留聲機公司（Deutsche Grammophon）的黃標唱片。

　　日本的古典音樂已經從勢利的時代畢業，現今擁有一群穩定且更有眼光的聽眾。僅在東京就有近30個管弦樂隊，規模和聲譽各異。我們仍然保有過去留下的某些特色：其中之一就是我們深深迷戀有著懾人合唱的貝多芬9號交響曲。每年年底的音樂會，各個主要樂團演出聽障大師的作品已成為傳統。據說這並不是出自對歐盟或其國歌的特別尊重，而是因為這作品可以讓樂團和合唱團都上場表演獲得報酬，這對音樂家來說是為數不小的可觀獎金。

日本爵士樂 Japanese jazz

第二次世界大戰結束時來了美國人，連帶一整個軍營都跟著來了，士兵們需要休閒娛樂，不管是健康的還是違法的。在那時候較早的需求是音樂。幸運的是，日本軍樂隊現已解散，所有的前音樂家都在尋找有酬工作，他們很快列隊加入美國軍營的「俱樂部」參加相對有利可圖的活動，在那裡他們學會了演奏一種名為「爵士」的新音樂。

除音樂人外，軍事俱樂部禁止一般日本人進入，但這並沒有阻止音樂從俱樂部向外滲入日本家庭。重建工作加快了爵士音樂的步伐和節奏，當時，西方流行音樂在日本一律都稱為「爵士樂」。

韓戰過後，美國軍隊在廢除種族隔離運動上領先一步，美國社會正走向60年代民權運動的動盪。在此期間，音樂家亞特・布雷基（Art Blakey）與他的樂團「爵士信差」（Jazz Messengers）一起製作了「純黑」的爵士樂，樂評家稱為hard bop（一般稱作「精純咆哮」或「硬式咆哮」）。布雷基的音樂從法國傳到日本，並在法國新浪潮電影中出現，風靡一時，尤其是他的經典作品〈呻吟〉（Moanin'）。布萊基聽說他在日本很受歡迎，1960年首次與他的樂隊一起到日本巡演。

抵達後，布萊基被熱情的粉絲包圍。粉絲問他是否可以和他合影，「但我是黑人。」爵士明星說。粉絲回答：「當然啊！」布萊基立刻愛上日本，幾乎每年都與爵士信差一起來日本巡迴演出，直到他1990年去世為止。

如今，爵士樂並不是日本最流行的音樂類型，但仍然擁有強大忠實的追隨者。當爵士樂在美國的受歡迎度逐漸衰退時，日本樂迷和唱片公司為美國音樂家提供了穩定的支持。日本爵士樂音樂家也蓬勃發展，各個主要城市都有現場爵士樂的演出場所。

爵士樂也許是戰後美國占領帶給日本的最好禮物。

繭居族 Hikikomori

　　自1990年代以來，日本開始注意到許多年輕人拒絕與社會互動，他們大多數是男性。這個話題會出現是因為發現很多學生，特別是男學生拒絕上學。時間過去，這一群人人數激增，平均年齡也在增加。

　　根據2005年發布的統計數據，日本大約有160萬人有社會退縮的問題。如果算上那些仍設法與外界保持最少聯繫的人，這個數字就會增加到超過300萬人。

　　有個詞稱呼這群人是「引きこもり」（繭居族），意思是「社交退縮或孤立」。大致適用於拒絕與社會接觸超過六個月的人，或被診斷患有各種精神疾病附帶社交焦慮或適應力焦慮的人，這些狀況往往會在青少年時期顯現出來。

　　英國廣播公司BBC在2000年代報導此議題，引起英國觀眾的廣泛迴響，他們意識到自己或家人也有類似症狀。這種精神障礙及隱士型的生活方式並非現代日本社會所獨有，但也不能說絕對與發生這種問題的社會無關，因為社交是問題核心。

　　日本社會的同質性及順應同質的壓力，使那些感到「落後」的人很難找到適合自己的地方。線上提供的虛擬社會似乎鼓勵了現實世界中的反社會行為，與真實世界相比，個人存在與個性似乎在網路上更容易操縱。

　　日本是以社群為導向的社會，無論是工作場域、學校還是在其他社交場所都是如此。人在這樣的社會很難保持個性，這些情況下的不安全感可能導致較弱勢的人發生精神障礙和恐懼。儘管繭居族的症狀首先在年輕男孩中發現，但現在我們逐漸知道，也警覺到繭居已傳播到中老年人，仍然大多是男性。隨著日本企業界終身雇傭制的瓦解，中年就業者被迫遭遇職業轉變，就說發生在他們40歲的時候吧，40歲的男人不得不適應工作環境的突然調整，這會使他們很容易一下退縮。在人口迅速減少的農村社會，老年人也面臨社會狀態的變化，也有退縮的危險。

　　很容易把那些因社會退縮而受苦的人想成心智軟弱的失敗者，但是必須記住，一個會照顧弱者的社會，會因為同理心成為更強大的群體。像日本這樣以社群為導向的社會，會因為忽略那些受苦的人而自食惡果的。

Part 7 家庭生活與
生命里程碑

Family Life and Life's Milestones

誕生，日本式分娩

日本小孩很少非婚生。經濟合作與發展組織OECD發現，在2014年，日本出生的嬰兒只有約2.3%是非婚生的。在美國，這一數字為40.2%，英國為47.6%。在這方面只有韓國超過日本，只有1.9%的非婚生子。

在日本，生孩子是跨世代的大事。孕婦接近生產期多半會回娘家住。這種做法稱為「里帰り」，字面意思就是「返鄉」。婦女通常在離娘家最近的醫院入院待產，根據2005年的一項調查，有一半以上的分娩是在醫院生的。

然後在2011年的一項調查發現，現在約有50%的丈夫在妻子生產時陪產。這個數字隨著年輕夫婦的增加而增加。醫生鼓勵父親在場，他們的建議似乎受到注意。然而，婦女在預產期前與父母同住的傳統似乎就因為這一建議而有所改變。飛機起飛的最後一刻才出現並不完全等同於「共享體驗」。

日本新一代的母親和嬰兒同住醫院的時間往往比他們的海外同行住院的時間長。在美國住院一週通常已是極限，多鼓勵母親在分娩後只在醫院留一夜。我們的兒子在英國出生的時候，我和妻子被督促盡快離開助產中心，孩子生完我們當天就回家了。

日本婦女會帶著嬰兒回到娘家休養，這是另一種傳統，起源於新生產婦的健康狀況還無法得到保障的時代。有一個詞是「床げ」，字面意思是「收拾被褥」，現在是說母親的身子已經養好，可以恢復正常工作，也可以自己照顧嬰兒了。

這些過時的傳統也方便讓父親在小孩出生前繼續工作，生完之後就可以立刻返回工作崗位。一般多認為孩子父親本來就該和妻子嬰兒疏遠一段時期。

一個廣為人知的統計數據是，近半個世紀以來，日本的出生率一直保持在2以下（低於父母的重置成本），導致人口減少，社會迅速老化。祖父母提供的積極支持是使家人團聚的好方法，但也在某種程度上排除丈夫的積極參與。

日本政府正積極鼓勵公司給予帶薪陪產假，但傳統和工作壓力形成某種社會規範阻止男性充分利用。日本社會期待跨代支持似乎理所當然，但這心態也讓日本婦女更難選擇懷孕生產、執行當母親的權利。據估計，約有20%的父母選擇以流產終止懷孕，而不是因為產婦或胎兒的健康問題而終止孕程。

Birth, Japanese style

　　嚴重的人口衰退已經開始，日本政府和社會都警覺到有必要改變對分娩的態度。但現實的變化非常慢，生孩子對大多數年輕父母來說漸漸成為一生難忘的事，他們仍然向自己父母尋求建議，而他們的價值觀和生產規範來自過去的時代。這樣的父母比現今的嬰兒還多更多。

小孩命名 Naming a baby

日本人名在整個歷史上已經發生了很大變化，而且還在不斷演化。

在九世紀初期，社會習慣是會取一個「真名」，就是「諱」（いみな），可以用一兩個漢字寫成的名字。但是這個名字很少用，那時的人們相信，一個人的真名與自己的靈魂連在一起。因此，告訴別人自己的真實姓名就是交出自己重要的一面。戀人會讓對方知道自己的真實姓名，藉此宣示彼此承諾。武士發誓效忠主人，也會將自己和家族成員的真實姓名寫成名簿交出，交名簿就形同「註冊」。

人們通常以暱稱、別名或專職名稱來稱呼別人。最簡單的別名是用排行稱呼，男生叫「太郎」的就是長子；「二郎或次郎」是次子；之後的三子就叫「三郎」，四子就叫「四郎」，第五個兒子就是「五郎」了。

1870年，明治維新政府為求現代化，下令人們必須將名字取成一個姓氏和一個名字的組合，以作官方正式用途。後來採用戶口登記制度來記錄日本人口，使用諱和暱稱的時代就結束了，不再使用多名多變的稱呼。有些人選擇註冊自己的真實姓名，另一些人選擇登記暱稱。

為了說明這種混亂，讓我們以德川幕府的大臣勝海舟（1823–1899）為例。勝海舟的別名是「麟太郎」，其中的「太郎」表示他是父母的第一個兒子，而「麟」是中國神話中的神物，預示聖人統治的朝代。他做過安房省的長官，所以又用他的官名「安房守」當成別號。但在德川幕府時代，「安房」這個頭銜僅是尊稱，顯示他在天皇朝廷中享有位階，實際作用不大。勝海舟也有他的真名叫「義邦」，但依據傳統，這個名稱幾乎不用。當新政府下令整理眾人的名字時，勝海舟還選了「安芳」作為他的正式名字，這是他從安房守衍生出的名字（你必須熟悉漢字才知道房與芳的差異）。然而，從歷史上看，他最有名的名字是「海舟」，意思是「海中行舟」，這是他作為日本海軍之父給自己起的「藝名」。

我們給兒子取名叫「麟太郎」，一部分原因就是向勝海舟致敬，還有其他原因，因為對一個母親那邊與中國有關係的男孩來說，「麟」這個漢字是與中國很好的接觸。但是我的很多日本朋友都覺得這個名字的「太郎」有點老氣，太郎是表示他的長子身分。具有三個漢字的名字也不流行了，有人說，漢字「麟」的筆劃太

多，以後可能會給孩子帶來生活上的麻煩，比如考試時要寫下自己的名字。還有人說，等到這個可憐男孩寫完名字時，班上同學早已在寫第二題了。

現代日本父母在選擇名字時必須依靠自己的審美觀，最大的因素是名字裡漢字的選用。人壽保險公司明治安田人壽曾發布嬰兒名字的年度調查，2017年，它發現在8300個男孩名字中有4204個變體假名，而採樣8030個女孩名字，其中有3604個變體假名，變體這麼多，在日本沒有湯姆、迪克、哈利或其他對應的女性名字。

根據調查，2017年最受歡迎的男孩名字是悠真（可作Yuma、Haruma或Yūshin）、悠人（念為Yūto，Haruto或Haruhito）、陽翔（可作Haruto、Hinato、Akito、Haruhi或Hinata）。女孩名則是結菜（Yuina、Yuna或Yuuna）、咲良（Sakura或Sara）和陽葵（Himari、Hinata、Hina或Hiyori）。就如所見，各種漢字念法造成更大的混亂。意為「太陽」的「陽」字在男孩中很流行。「結」的意思是「繫帶」，在女孩中變得很流行。也許是因為最近發生一連串自然災害，人們意識到人際聯繫在家庭或當地社區的重要性。

日本父母給孩子取名的想像力和創造力都還沒有發揮到極限，要把取名固定下來成為既定模式還需要很長時間。一個不變的主題是，這些名字代表父母對孩子的期望以及希望孩子成長在那種社會裡。在這個層面上，我們也許仍沿用名字與靈性相連的傳統。

教育，如何戰勝日本學校制度

若與中國和韓國等東亞國家相比，過去的日本對教育並不狂熱。在中國，孔子思想和以儒家為基礎的科舉考試成為千年以來奉行的傳統，韓國也是類似情況。百姓要能讀能背《論語》和其他哲人經典才有機會得到名利與權勢；但在日本，只要在戰場上幸運殺了敵人、建立功勳，半文盲的傻蛋也能成為封建領主。對於日本人來說，念書很珍貴，但絕不是萬能。

然而，在德川幕府統治下，太平日子促進了商業發展，也鼓勵全民掃盲。這就要靠眾多的私塾教師來幫忙了，他們通常是來兼差的和尚或仕途中斷的武士，在寺廟中搭起小棚子當成「寺子屋」教授當地孩子。基本科目是「読み、書き、算盤」，也就是閱讀、寫作和打算盤（一種基礎算數）。

這些私人設置隨著明治維新而企業化，孩子受教成為憲法的職責，並且成為1946年新憲法的一部分。此外，教育也變得更競爭。隨著封建階級制度的消亡，人們可以自由選擇職業。大規模的教育熱潮開始了，由一本暢銷書所引發，學者暨教育家福澤諭吉於1872年出版《勸學篇》（學問のすすめ）點燃了教育熱潮，而福澤諭吉也成為日本萬元紙鈔上的頭像[15]。

今天要進入一所好學校，競爭可能非常激烈。每個級別都有入學考試。矛盾的是，替這樣激烈競爭煽風點火的是原本希望避免參加這類考試的父母。前面說到的福澤諭吉辦了私立大學，就是慶應義塾大學，慶應設有附屬小學。只要進入慶應義塾幼稚舍後，無需參加入學考試就可以念慶應的中學、高中，最終進到慶應的大學部。很多私立教育機構都採取相同的體系，因此，有心進取的父母將孩子送到補習班準備小學入學考試。

雖然頂尖學校的入學競爭仍然很激烈，但日本的教育體系也正經歷年輕學生不斷縮水的窘境。在不算頂尖的一端，學校正在努力填補教室空缺。最近，許多各級教育機構都採用另種評量系統，也就是根據學生的學習成績和其他成就招收學生，而不是根據制式化的入學考試。

若有人想從入學考試地獄逃跑，私立學校的存在提供了逃跑的途徑，但也有勇敢參加公立教育課程的人，也有些人是出於金錢因素。

通常，他們是入學考試的未成年鬥士，非常了解考試方式，甚至幾乎能讀懂出題者的想法。那些在這條崎嶇道路上倖存下來的人卻常常看不起私校的教育之路，然後繼續占領日本社會的高端。他們也注定要不斷尋找這世界的正確答案和完美考試成績，但在這個世界上，正確答案並不會立即顯現。

隨著學生數量減少，教育機構面臨生存威脅，是時候該重新思考日本教育的價值和制度了。

Education, or how to beat the Japanese school system

---

15 譯註：為了因應令和時代，發行令和新鈔，日幣一萬元的頭像已換成日本經濟之父澀澤榮一。

日本人如何談戀愛

愛情也許永恆普遍，但求愛跟著潮流走。日本的求愛風格因歷史或地理的不同而迥異。之前提過，平安時代的貴族過著一夫多妻的生活，男人找上不同妻子，有了小孩就由母親撫養長大。日本東部是武士繁盛的地方，家庭因需求而組成更緊密的單位。因為相鄰地方爭執不斷，結盟關係搖擺不定，在鄉下的男人沒有時間像蜜蜂授粉一樣從一個妻子到另個妻子巡來巡去。在那裡，一夫一妻制是常態，妻子在家庭事務上擁有更強大的處理權。

浪漫一如既往，在日本也有多種形式。但是經過明治維新，現代社會倏地出現，日本人集體經歷了一場突如其來的社會動盪，導致我們與傳統脫勾，讓我們不得不盡力解決這個問題：戀愛和浪漫的新規範應該是什麼？而它最終一定會導引出另個問題：現代日本應該如何組建家庭？這某種程度上解釋了近150年來為什麼日本創作了成堆無聊的浪漫小說，其中卻很少能通過時間的考驗。我們還沒有出現日本的珍‧奧斯丁或勃朗特姐妹。

在80年代後期，日本電視台製作了所謂的青春偶像劇（トレンディドラマ），本質上就是在東京拍攝的浪漫喜劇，推出後大受歡迎。在大城市討生活的背景下，在形形色色的人海中，人卻獨自寂寞。主角偶然邂逅了命定的伴侶，克服種種困難後（包括不贊成的家人、不合作的朋友、工作上的種種要求），他們從此過著幸福快樂的生活。這些戲劇極端老套，然而，就在男孩與女孩相遇的簡單故事中，年輕觀眾找到啟發，也找到自己真實愛情生活的肯定。

日本電視台仍在製作偶像劇的後代子孫，但並沒有像以前一樣享有盛名或影響力。看來單身的日本人終於成熟了，不需要電視劇做為保證。畢竟，你只需遇到一個對的人，不需要那種特殊的個人經驗來迎合所謂的大眾娛樂。

浪漫和戀愛關係拒絕平庸泛泛，但容我大膽批評，日本人卻傾向以集體約會作為建立關係的起點。「聯誼」（合コン）這個詞是描述符合資格的男女聚在一起參加派對或夜遊，通常先是某對男女朋友協議把他們的朋友帶來參加，大家一起互相介紹，並且很有默契地理解這種會面可能促成一段浪漫關係。「合コン」中的「合」，與「合同」中的「合」是同一個字，而「コン」來自德語單字Kompanie

（公司）。在60年代，人們並不熱中合コン，那時的「合ハイ」代表著「在一起」和「遠足」，是一段更有益身心的時期。我想聯誼在日本熱度不減的程度證明日本人即使在約會時也是一種群聚動物。

聯誼的設定可讓參與者放心，彼此的背景檢查已經由共同的朋友網絡完成。發生任何浪漫關係都可以得到友好的回饋。這不像黑夜裡的陌生人，反而更像是情境喜劇裡才發生的情節。

相反來看，在日本Tinder和其他類似的現代約會app不像西方國家那麼流行。請別搞錯，日本人是會成群結隊，但這些app的用途多在尋找性伴侶，而不是浪漫關係。日本人認為隨機偶遇雖然很性感，但不浪漫。浪漫必須先得到共同朋友的擔保，先「加入我們」，由共同朋友表明你沒有打歪腦筋，心思純正。

How the Japanese fall in love

婚禮和婚姻

Weddings and marriage

在日本結婚的人越來越少，而結婚者的年紀也越來越大。最新的統計數據顯示，2016年在日本1000人裡只有1人結婚，而1996年1000人中則有6人。新娘的平均年齡為31.1歲，而新郎的平均年齡是33.3歲。20年前，新娘新郎的年齡分別是25.2歲和27.8歲。

儘管如此，尋找伴侶仍然是地球動物活著的最大目的，這也包括日本人，而婚姻仍是許多人努力實現的生活目標。只是社會現況和現代生活方式讓它變得複雜，也更困難。

日本人的大腦也許在日常生活受到壓力，但大自然找到一種將人們聚在一起的方法。根據2010年政府的統計，大約25%的日本女性結婚時正懷著身孕，這一現象在沖繩縣的比例上升到40%以上。

先有後婚一度不太被人接受，但是現在不太會了。人口減少是嚴重的國族問題，人們對即將有小孩的年輕伴侶態度變得更加友善。可悲的是，同一份政府統計數據顯示，日本先有後婚的婚姻約有40%以離婚收場。

結婚需要舉行婚禮，這在日本算是較新的習俗。在平安時代，貴族通婚基本上是私人的揭密大會，公開一直被隱瞞的戀人。到了12至19世紀，因為在武士家族的聯姻儀式象徵兩個家庭的結盟，婚禮自此變得更隆重。訂婚儀式稱為「結納」，由新娘和新郎的家族交換禮物。經過這時期逐漸發展之後才被平民複製，實際的婚禮通常在新婚夫婦的住家中進行，儀式沒有宗教色彩。

婚禮成為結親的慶祝儀式是新近現象，表示現代日本人，尤其是女性，已能插手自創新習俗。

當時還是皇太子的大正天皇與妻子在宮殿大院的神社結婚後，神社婚禮於1900年開始流行。這是日本宗教組織第一次介入世人的婚姻。

現代的日本新娘因暴露在西方文化下，渴望在教堂舉辦歐式的白色婚禮。但是，基督教會對這想法並沒有好感，因為這是讓非教徒使用基督設施來滿足年輕女性的幻想。許多人在儀式前堅持改變宗教。因為意識到市場還有空間，日本的飯店及其他商業場所開始建造擬真教堂，提供「基督教式」的婚禮，蔚為風潮。

佛教寺廟也不甘示弱，努力介入，但由於佛寺與死亡葬禮有關的印象太深而有形象問題。寺廟繼續在這個競爭激烈的市場中提升自己，但並未瓜分去多少生意。

　　最後，當今最流行的婚禮趨勢似乎是「人前式」，即「在人前」結婚，夫妻邀請各自的朋友和親戚參加聚會，並在他們面前交換誓言。

　　另一個很棒的日本婚禮習俗是「ご祝儀」，賓客無需為新婚夫婦購買結婚禮物，而是把現金包入禮袋中，進入會場前再在接待區交付。公定價格約為每位客人30,000到50,000日元，這意謂新婚夫婦或新娘父親都不必支付婚禮費用，結婚可自負盈虧。

　　在典型的婚禮儀式中，新人會更換服裝，這風俗叫做「お色直し」。如果婚宴一開始，新娘穿著西式的白色婚紗，新郎穿著配對的西服或類似的服裝，或者一開始新郎新娘同時穿著符合日本傳統的和服，到了婚禮途中，他們可能會換上更休閒的派對服，這是另一個近來流行的傳統。

　　在1980年代日本泡沫經濟的鼎盛時期，專業的婚禮業者想出誇張的儀式，例如，婚禮進行前先放很多乾冰，新人坐在懸吊船裡從空中進入宴會廳。如今，這種誇張行徑被人避之唯恐不及，或者當成笑話。儘管如此，切蛋糕儀式和點蠟燭儀式（新人到每張桌子去點蠟燭招呼客人）仍然很受歡迎。

　　總而言之，最近舉行婚宴的目的是為了致謝，讓新婚夫婦感謝兩對父母對婚禮的愛和支持。通常新娘和新郎的父親會發表演說，惹得所有來賓都暗自想哭。我們日本人，總是不習慣公開演講或表達感情。

便當戰爭　Bentō box wars

對於是否穿校服，經常聽到的說法是，校服能屏除不需要的時尚潮流競爭，確保兒童之間的平等。總覺得，日本學校的食物可能也需要採取相同論點。

日本大多數公立中小學都提供學校營養午餐，稱為「給食」，孩子們要輪流為同學盛送食物，如此學生不僅學習到食物的知識，還能學到為他人服務的驕傲與快樂，為這一餐感恩，和大家一起享受飲食。

九州政府為了減輕父母的壓力，免除父母每天準備飯盒或便當的工作，通過僅在特殊場合才需要便當，例如校外教學的時候，或舉辦運動會讓學生野餐的時候。

確定的是，便當不只是學校午餐，這個詞也可用在所有行動中的打包餐點。例如成年人會在賞櫻派對和其他郊遊中享用便當，也有一些餐廳以製作適合各種場合的便當聞名，這些便當一定內容豐富，擺設精美。

但沒有人會想到這些美食秀會衝擊到學童便當。像我這一代人最喜歡的便當菜色是一端劃刀的維也納香腸，因為看起來很像有腳的小章魚。

不知何故，到了2000年代，大家開始流行做兒童便當，用食材畫出或創造出流行卡通人物、汽車或動物的圖像。這些便當稱為「キャラ弁」，是從「キャラ」也就是character，例如動畫電影中的角色，和「便當」一起組成的新單詞。

部落格和社群媒體推波助瀾這股潮流，越來越多創作者上傳自己的便當照給大家看、欣賞和模仿。

這就讓那些手邊沒太多時間的父母（更別提那些創造力與廚藝技巧也不佳的父母）陷入這場展現手藝的無止盡戰鬥，形成一股壓力，但便當盛況並沒有消退的跡象，可能是因為它與大多數日本人的審美價值有關：かわいい，好可愛喔。

如何做便當 How to make a bento box

1. **考慮比例**。可自由選擇便當盒，任何一種你想要的都行，不限造型，但便當需有三個主要食材：米飯、魚或肉、醃製蔬菜。這些是便當製作的基礎。

2. **給米飯增添風味**。便當的主要成分是米飯。不幸的是，米飯變冷時風味就不好了。為了維持熟飯細膩風味的最簡單方法是加鹽，鹽也可以作為防腐劑，還可以加一些芝麻，或加入其他美味食材一起煮，例如筍、章魚丁或蛤蜊，這是增進便當飯品質的好方法。

3. **保持便當菜色平衡**。為了講究均衡飲食，便當應包括營養的主要來源蛋白質。通常可以放鹽烤的魚（又是為了方便保存），也可以是做好比較不會壞的肉，例如烤牛肉。如果做素食便當，也可以嘗試用豆類，以毛豆或豆腐作為蛋白質來源。

4. **醃製蔬菜**通常放在便當盒的一角，補充均衡飲食，也增加顏色和風味。酸脆的蔬菜也有助滿足食欲。

5. **考慮外觀**。請記住，便當的目的在創造一頓既吸睛又滿足味蕾的餐點。顏色是便當讓人興奮的關鍵。請選擇顏色鮮豔的蔬菜，放在飯上更有對比效果。

6. **避免過多液體**。為了便於攜帶，最好避免含水量多或有大量醬汁的食物，因為液體可能會溢出。如果你想包醬料或調味品，請用單獨的容器。

離婚　Divorce

　　日本有三分之一的婚姻以離婚告終。這個數字並不像美國或英國那樣糟糕，英美近一半的婚姻以離婚收場，但我們也相距不遠了。

　　人們決定分道揚鑣一定是出於很多原因，在日本也是如此。然而，離婚的三大原因似乎次序相反，金錢、不忠和無法解決的差異，我想最後一個涵蓋所有類型的罪過。

　　大多數離婚發生在婚姻的前15年，但長期配偶的離婚率也在上升。常見的恐怖故事通常跟丈夫是工作狂有關，這個工作狂先生就算回家也很少分出時間與妻子相處，一天晚上他回到家，發現房子空著，留下一張紙條通知他，說她只要想到和這樣冷漠的老公一起度過退休生活就胃痛，無法忍受他突然退休一直在家的日子。這個故事告訴我們交出支票永遠不能代替愛情和親情。

　　日本離婚的一個特點是，法律制度幾乎沒有任何維持婚姻的壓力。在基督教國家，婚姻曾是神聖的，雖然各個國家程度不同，但離婚都很難實現。即使是無過錯離婚，西方法律制度也傾向給予冷靜期。在日本，就沒有這樣拖拖拉拉的最後一分鐘。如果雙方都決定走自己的路，則只需要在當地政府機關提交表格以表示同意。離婚非常無情，使律師參與度降到最低，這是好事。

　　日本法院若涉入離婚官司，一定是有子女監護權的問題。日本法院多會考慮孩子的需求，而不是父母的探視權，這在發達國家的司法管轄中很少見。我認為日本的做法一定有推廣空間。父母付律師費，律師很樂意為自己的委託人辯護，孩子的利益經常遭到忽視。

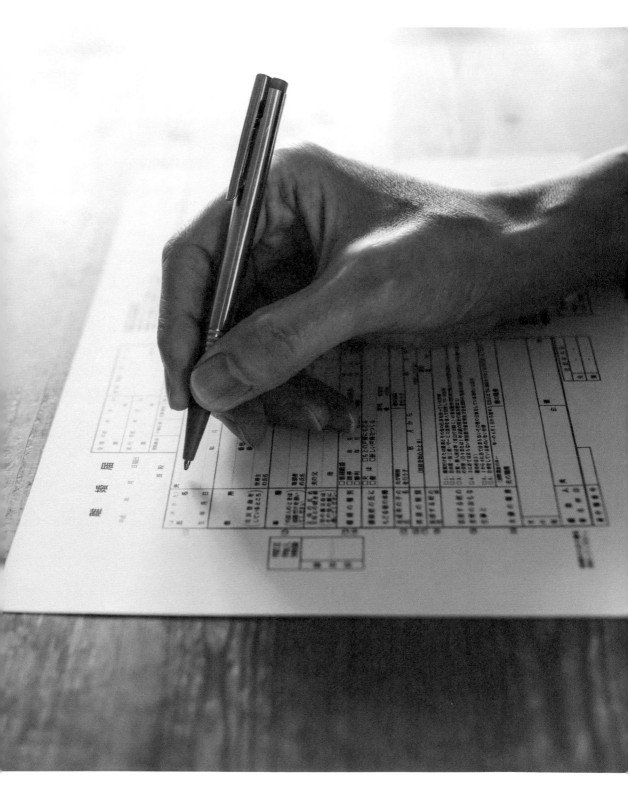

如何活到一百歲

人口老化已是一種全球現象，日本在以下項目遙遙領先：日本老人的預期壽命（84歲）、老年人數量（65歲以上的人口超過3300萬人，約占日本人口的26%）及人口老齡化的速度（過去40年中，老人的數量增加四倍）。我們是老齡化世界的三冠王或是海倫‧凱勒，取決於你怎麼看待它。

日本人的壽命女性約為86歲，男性是80歲，僅次於香港，是世界上其他國家都羨慕的。對於日本人自己而言，令人高興的是，長壽是我們出於習慣得到的成就，而不是辛苦努力的結果。

日本人正處於中西醫學傳統的十字路口。一方面，我們享受幾世紀以來西方醫學所能提供最好的全民醫療健保系統。同時，日本人對健康的態度深受中國人養生思想的影響，養生是透過生活方式養成健康，求醫是萬不得已時的最後退路。

在這方面，日式飲食對國人的健康做出巨大貢獻。營養平衡一直是我們料理的一部分，即使每天吃的很少。所謂「一汁一菜」，是形容最適度的餐食，一湯、一菜搭配一碗米飯。大家讚揚健康的胃口是因為辛苦勞動，而暴飲暴食是不好的行為。

但理想飲食中最薄弱的環節可能是對稻米的依賴和攝取過多鹽分，日本人還是意識到這一點的。日語的メタボ（metabo）是英語中的代謝不足（metabolic deficiency），目前是健康意識的警示語，人們正避免攝入過量的碳水化合物。面對稻米需求低迷，生產商提供市場更健康的產品，例如雜穀米，這是混了小米的雜糧米，可以替代純白米。鹽分過多似乎讓日本人胃癌的得病率相對較高；為了解決這個問題，製造商在超市貨架上擺滿各類減鹽商品，從醃菜到味噌，都有「減鹽」標誌。日本的保健食品行業很高興能被有健康意識的消費者引導。

葬禮 Funerals

如果葬禮是死者家屬對外展示的社交活動，在這意義下，葬禮是為了生者。以種種意圖和目的看，死亡只是舉辦喪禮的藉口。在日本，死亡使家人團聚在一起，提醒自己是日本人。

我媽每隔一陣子就會提醒她的孩子，她希望死後把骨灰撒向大海。每次我們都要提醒她，亂扔垃圾、尤其亂扔死者的骨頭是違法的。而且最重要的，認識她的人會怎麼看，眾目睽睽之下我們必須做合禮之事。

在此關頭，我不得不明確指出，因為衛生理由，火葬在日本很普遍。

沒有什麼能比葬禮更該建立共識的了。必須通知家人，包括疏遠的和討厭的。遺產繼承不可避免地可能有異議，但是喪葬程序必須當成緊急事項要趕快商量好，通常得在死者去世後的24小時內達成共識。同樣，是基於衛生理由。

在社會公認的規範上建立共識是最容易的。因此，要聯絡當地的葬儀社以及家墓所在的廟宇。死者的任何古怪願望，例如在海浪中消失，都是最先該放棄的。

葬禮前必須守靈，稱為「お通夜」，字面意思是「整夜」。事實上，只會在晚上持續一段時間，大約兩小時。這時遺體已經過專業人員進行適當的清潔換裝，人們聚集在遺體周圍，聽著僧侶誦經咒（雖然每個家庭成員都遲疑地想知道，若顧念死者遺願，採行佛教儀式是否不太好）。然後為客人提供便餐，通常是壽司，因為訂餐方便也易於分享，還要有清酒。喪主（通常是死者的配偶或長子）正忙於與賓客打交道，多謝他們在臨時通知／路途遙遠的情況下還能趕來。其他家庭成員也很忙，要確定訂的壽司夠不夠，清酒能喝多少回。那些與死者最親近的人都忙著行禮如儀，腦海中只有短暫閃過死者對葬禮的實際要求。

葬禮當天，大多數相關人等都回來參加更為複雜的佛教儀式，參加者包括和尚、嘉賓，以及前一晚來不及趕到的人。死者的家庭成員必須接受死者骨灰將移往廟中家墓的事實，而新一代的家庭成員不得不繼續支付墓園維持費。喪主仍然很忙，執行超人的外交技巧，表現足夠的悲傷，同時努力記住死者交遊廣闊的社交朋友圈的名字面孔。一件好事是，他們帶來一包慰問金，稱為「香典」，這是日文委婉語的極好應用，把奠儀說成「香錢」。顯然，每人約五千日圓的既定金額，對減

輕喪禮費用或是寺廟的安葬費用是有很大差距的，但不無小補。

死者的公祭葬禮都可以在喪家舉行，只是有空間問題，你可以向葬儀社租用公司大廳，不然家中常去的廟宇就要負擔一些責任。不過這種情況下，僧侶不用跑那麼遠。

儀式結束後，棺材會搬到特製的「靈柩車」，就是靈車，通常是裝著精緻日式屋頂的黑色豪華禮車，棺材由靈車運到當地火葬場。家庭成員則是搭其他車跟隨前往。

日本的大多數火葬場是由地方政府管理的，東京除外，東京是由私人公司壟斷的。家庭成員通常會看到棺材送進焚化爐。在基於儒家思想的中韓兩國傳統，家庭成員此時應該哭泣，通常要哭得很大聲。這是人死後第一次，家庭成員終於被允許與死者一起度過一段私人時光，擺脫了親人死後一直照著他們的社會目光焦點，他們都哭了。

骨頭比你想像的還要白，從焚化爐送出來，此時會鼓勵所有家庭成員用特殊的筷子將它們撿起來放入骨灰罈。最後，火葬場的服務員將剩餘的零星碎片收進骨灰罈，再把它密封起來。你把骨灰罈帶回家，安排僧侶在日後的某天放入家庭墓室。

關於葬禮的議題有兩部熱門電影。導演伊丹十三於1984年上映的《葬禮》（お葬式），以及瀧田洋二郎獲頒日本電影金像獎的《送行者》（おくりびと，2008）。強烈推薦這兩部電影。

對我母親來說，有個好消息。根據法務部的規定，現在可以合法地撒骨灰，但前提是要將它們磨成適當大小，還要適度地撒。不過，我仍然不太希望磨碎自己母親的骨頭。

不做愛但變態，拜託喔，
我們是日本人吥

　　自遠古時代以來，日本人一向性開放。在西元三世紀的官方編年史就寫到，我們無論什麼社會階級都是一夫多妻制。許多古代神道教的節慶基本上都是狂歡性派對，虔誠參加者認為這些場合受到神的認可，神對這種放縱且健康的性欲表示滿意。甚至在七世紀或八世紀最古老的和歌詩集《萬葉集》還收錄關於這些宗教速配事件的詩作。誘惑和被誘惑的藝術是平安時代貴族的生活日常，即使他們失去武士的政治權力，這傳統依然延續。平民百姓並沒有被排除在外，「夜這い」（夜訪）的習俗在整個日本都十分普遍，那時的年輕人可以在不被家人發現的情況下在夜裡偷偷溜進愛人的臥室。

　　過去，日本人的性自由可能與沒有宗教禁忌有關，神道教和佛教都沒有試著限制人們的性行為（除非你是嚴守清律的和尚）。自由延伸到同性戀，在日本歷史上，不僅可以容忍同性戀，甚且在某時間還很流行。眾所周知，戰國時代很多大名都是同性戀或雙性戀。

　　日本的性文化在江戶時代非常流行的浮世繪木版畫中得到最好的體現。藝術家和木雕工匠競相創作出最複雜、最堅固的傑作。

　　這一切隨著明治維新而改變。為了使日本現代化，社會變得拘謹。那個時代的口號是「和魂洋才」，就是「以日本精神實踐西方技術」。顯然，西化的影響並沒有限制在科學及技術領域，也滲入人們的社會風俗中。

　　在僵化的階級社會，性自由是受人歡迎的，也是需要的，甚至是渴望的出路。在表面上人人自由的社會，日本人變得自覺，社會在西方進口的性壓抑中變得古板狹隘。濫交被視為不正常，一定是這個人的品格有缺陷。

　　這種態度一直延續到今天。名人之間的婚外情是媒體的重要大事，而罪魁禍首受到社會譴責，丟出第一塊石頭的往往是那些醜陋、臉上不由自主泛著輕蔑笑容的人。日本社會已變得虛偽。

　　同時，這種過度壓抑的性欲以最不受歡迎的方式表現出來，幾乎每天都有人

No sex, but perversion, please, we are Japanese

在擁擠電車裡因騷擾女性而被捕。只要是日本賣出的iPhone都無法把相機快門關靜音，因為有太多變態用它偷拍不知情女性的裙底風光。

除了犯罪類型的變態外，我們還為賣淫設立虛偽的法律框架。賣淫是非法的，但對於性工作者或顧客均沒有罰責，近60年來，一直沒有認真把法律合理化。我們的色情產業享譽全球，但與浮世繪的藝術性相去甚遠，而且通常帶有厭惡女性主義色彩。

明治維新以來，150年過去了，但日本人好像仍無法在自己的性生活中找到平衡。

Part 8

假 日 節 慶

Holidays and Celebrations

1月：新年

　　お正月（正月）在日本非常重要。老實說，我們日本人對於多數西方國家（除了蘇格蘭以外）無視這一最吉祥日子，而把它當成聖誕節的次要補充感到十分困惑。

　　雖然我在這裡討論「元旦」，但正月指的是整個月，儘管連假只放正月的前三天。而正月的前七天稱為「松の内」，字面意思是「在松樹內」，因為我們新年會用長青的松枝做擺飾，工作場所則會暫時休息一段時間。

　　元旦最重要的儀式之一是參拜當地神社，向諸神祈求來年順利。這項參拜活動稱為「初詣」或「今年的首次參拜」。踏入冷冽的冬天，與其他人齊聚一堂，呼出的白色薄霧增加了臨場感，有人穿著最好的和服，為新年氣象增添色彩。

　　回家後，要吃特別的食膳「御節料理」，意思是「特殊場合的飯」，但正月料理總是在新年吃。它基本上是一種便當，由各種象徵好運的食物組成。典型的新年餐盒中要放：

黑豆　kuromame

　　糖漬黑豆。豆子被認為可以抵禦邪靈，並且豆的發音mame也是「勤奮認真」的意思，象徵新的一年勤奮認真。

醃製鯡魚卵　かずのこ　kazunoko

　　寫作「数の子」，代表子孫滿堂，滿滿生產力。

蜜汁小魚干　田作り　tazukuri

　　做法是用醬油和甜酒把小沙丁魚煮到湯汁乾爽。「田作り」的意思是用小魚乾「種田」，象徵五穀豐收。

紅白魚板　紅白かまぼこ　kōhaku kamaboko

　　紅色可以去邪氣，白色代表正氣。

January: New Year's Day

栗金団　kurikinton

　栗子包著金黃地瓜製成的紅薯泥。因為日本栗子叫做「かち栗」，かち與勝利的「勝つ」（katsu）聽來很像，所以表示「得勝」，另外，金黃色則代表財富。

烤鰤魚　ぶりのやきもの　buri no yakimono

　日文對不同成長期的鰤魚有不同名字，所以新年吃鰤魚是希望可以好好發展，快快長大。

烤蝦　えびのやきもの　ebi no yakimono

　蝦有長長的觸鬚、彎彎的身形，所以是長壽的象徵，意思是就算活到腰都直不起來也很有活力。

醋醃紅白蘿蔔絲　紅白なます　kōhaku namasu

　紅白蔬菜象徵好運。

昆布卷　昆布巻き　kobumaki

　魚肉昆布卷或牛肉昆布卷。昆布是一種海帶，日文是「こぶ」和日文的歡喜「よろこぶ」是諧音，象徵新年歡歡喜喜。昆布卷包起來像書卷，這道菜也祝學業順利。

芋薯 八つ頭　yatsugashira

　煮熟的芋薯（或里芋）象徵多子多孫，因為根類蔬菜可繁衍出好多農作物。

　以上選擇只是舉例。「御節料理」的組合依地區、各家傳統或喜好各有不同。大多數年菜準備起來費時費工，還要保持好，因此，家裡需要在過年前就開始準備，然後在之後的年假就不做飯了。

2月：情人節
（巧克力公司如何策動文化政變）

February: Valentine's Day (or how a chocolate company orchestrated a cultural coup)

2月對日本來說絕對是要注意的，因為有情人節（バレンタインデー），這是最近才製造出來的奇怪慶祝活動。

日本人認為，西方將浪漫主義的價值觀賦予在情人節上，一些想賺錢的日本糖果業商人從中得到靈感，便發起公關活動，鼓勵民眾在情人節那天送巧克力給心愛的人。

第一個情人節活動是由神戶的糖果糕點公司Morozoff在1936年發起的，儘管活動對象是在日本居住的外國人。戰爭結束後，Morozoff再試一次，這次就針對日本消費者了。然後到了50年代末和60年代初，情人節風潮一發不可收拾。

送巧克力這件事好像變成單方面的事。社會習俗規定，巧克力應該由女方送給男生，可是沒人知道為什麼。如果要大膽猜一下，日本女性在社會規範壓迫下，只是愛情遊戲中的被動角色，所以非常期待有機會以送巧克力的形式公開表達自己的感情。

至於男人，情人節對男人已經變得像在競爭比賽了。有些男人從愛慕他們的女粉絲那裡收到多份巧克力禮物，而另一些男人則什麼都沒有，這在工作場所和學校造成很尷尬的狀況。有此一說，日本男人若沒有收到巧克力，就連地獄怒火都比不上他們的嫉妒之火。

這種習俗已經傳入許多日本社會規範中，像是送「義理チョコ」，義理巧克力不是愛的標誌，而是為了挽救接受者的面子才送的，就像很多老闆在2月14日那天收到好多體貼女同事送的人情巧克力。但這些巧克力也不便宜，根據最新的統計顯示，每位女性在情人節巧克力的支出上平均要花45美元。

據統計，巧克力每年銷售量的20%都集中在情人節上，因此這種傳統不太可能很快消失。

3月：女兒節

「ひな祭り」就是女孩節，是我們希望慶祝家中女孩健康成長的日子。

3月3日，我們會把裝飾和玩偶拿出來，擺放成平安時代宮廷生活的場景。王子和他的配偶放在層架的最上層，下一層是女官，宮廷樂師再下一層，下面還有精心製作的微小家具和牛車等，那是當時尊貴貴族乘坐交通工具的首選。基本上，它就是在玩家家酒，並創造過去時代優雅、富裕家庭的幸福人生。

我還是小男孩時，對玩娃娃的慶祝活動沒什麼興趣。我的興趣主要是只有在女兒節才會吃的東西。會喝「甘酒」，是一種有甜味多半沒有酒精的白酒，還吃一種叫做「菱餅」的甜米糕。

有個流傳很廣的迷信是，如果在女孩節過後沒有收拾，人偶留在外面的時間越久，這家的女孩就越難結婚。只是玩個家家酒，年紀這麼小就要想到結婚這種不必要的壓力，我懷疑這個節日是否經得起現代政治正確的審查。儘管如此，還是不能把歡樂從女孩身上奪走，這些女孩只是想玩人偶，享受酒精程度不明的含酒飲料。

5月：男孩節

為男孩祈福，祈願他們健康成長的日子是5月5日。

與女兒節擺放人偶不同，在男孩節，我們擺出小型盔甲、劍和箭，代表這家人希望男孩勇敢堅強。鎧兜就是盔甲，男孩看到這麼威武的武器展示心都飛了，父母很難阻止孩子玩擺飾品。不可避免地，小巧的劍是第一個因過多的模擬打鬥而受損的擺飾。這可以解釋為什麼在日本古董鑑價節目《開運鑑定團》中，可以看到這麼多珍貴的女兒節古董娃娃，而男孩節的裝飾品卻很少。

如果這個家的空間大也有設備，他們可以吊起鯉魚旗「鯉のぼり」，這是一種看起來像鯉魚的風向袋。根據中國古代神話，鯉魚向上游，跳過河口的鯉魚就會變成龍。因此，它是未來成功的象徵。

男孩節通常會吃「柏餅」，就是用橡樹葉包裹的年糕。因為橡樹葉在長新芽前不會掉落，因此象徵著家族不散。某些地區會製作「ちまき」，就是用竹葉包飯做成的粽子。這是從中國節日傳來的傳統，以紀念詩人屈原的去世。

March: Girl's Day

May: Boy's Day

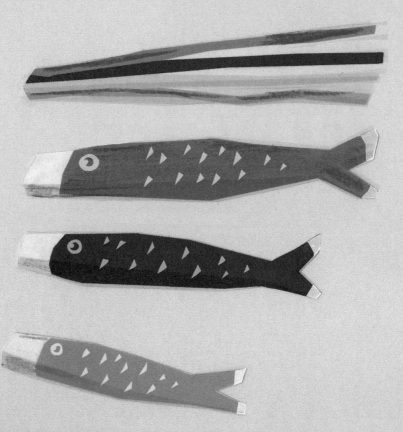

4月：櫻花盛開回到學校

April: cherry blossom and back to school

　　就像英國人聊天話題不離天氣一樣，日本人也很愛聊四季變化。我們不會錯過任何機會，提醒他人我們是四季分明的國家（韋瓦第也是如此大聲疾呼）。季節是日本的重要組成，而說到季節的更迭，沒有什麼比得上春天櫻花盛開的美景了。

　　只為櫻花怒開純粹的美麗而去賞櫻，是相對較新的現象，歷史可追溯到城市居民已成文化主力的江戶時代。從那時候起，我們欣賞鮮花盛開的方式並沒有太大改變，白天喝酒，之後也喝酒。

　　櫻花的花期與日本學年的開始和結束相吻合。當初我們採用西式公共教育制度時，官僚們並不知道為什麼學校學年和政府財政年度不同，學年是從4月到隔年的3月（取自英國）。

　　有人說要把日本的學年調到跟世界其他地方一樣，從秋季開始，夏季結束。除了教育系統可以較容易在國內外之間順利轉移外，還有一個更嚴肅的論點：最好不要在新學年上了僅三個月後，就讓孩子無人看管地度過一個半月的暑假，以免之前塞進他們小腦袋的東西一放暑假就被夏天的熱氣排掉了。儘管有關改變的討論有一定的作用，但發生的可能性不大。日本人太喜歡以櫻花盛開作為生活新篇章開始的背景了。

6月：雨季
June: the rainy season

　　日本的地理位置暴露在東亞季風中。每年初夏，太平洋上空的暖空氣將較冷的空氣推回亞洲大陸上方，形成鋒面降雨。太平洋聯隊推開亞洲聯隊花的時間越長，雨季持續的時間就越長。

　　雖然降雨不是愉快的天氣現象，尤其是伴隨濕度和海洋氣候溫度升高時，但日本人早就意識到季節性降雨帶來的好處。「惠みの雨」，我們叫它「仁慈的雨」。

　　日本河流的淡水供應系統取決於兩個來源和一個關鍵因素。一個來源是冬季降雪；另個來源是季節性降雨。關鍵因素則是山脈吸收水分和充當天然水庫的能力。由於人口激增，日本在山區建造了許多水庫巨壩，無論是經濟成本還是環境成本都很高。是否需要建造更多各地區或全國性的水庫，是激烈政治辯論的主題。

7月：暑假

　　如前所述，日本的學年從4月開始，而暑假通常從7月中旬開始。這表示新學期才開始一個半月，孩子就很快又要離開學校，老師會擔心他們的學習情況。因此，教師，尤其是小學老師，通常會指派家庭作業讓孩子在假期時做。

　　儘管孩子們的生活可能會被PlayStation和Xbox劫持，但小孩最基本的暑假作業至少要具備以下事項：

游泳池：學校有游泳池，放假時也向公眾開放。這促使孩子自願回到學校，但只是為了把自己搞到精疲力盡，追上他們的朋友。

到海灘遊玩：島國日本從不缺少海岸。如果夏天沒有至少去海灘玩一次，夏季家庭旅行就不算完成。通常，會玩「スイカ割り」遊戲，在這個切西瓜的遊戲中，玩家蒙住眼睛，在旁觀者的指引下試圖用棍子打西瓜。就算你知道西瓜在哪裡，也不要打得太用力，不要把西瓜打成一塊鐵餅，冰涼多汁的西瓜是夏天不可錯過的美食。

去山裡玩：夏季山中空氣相對涼，尤其與山下的水泥叢林相比。山區也是昆蟲迷的天堂，除了討厭的蚊子外，還可以抓到色彩鮮豔的蝴蝶和嘈雜的蟬。昆蟲中的國王是甲蟲，特別值得一提的是長著獨角獸尖角的獨角仙（カブトムシ），還有帶有鹿角鉗口的鍬形蟲（クワガタムシ）。這些甲蟲變得很流行，甚至有人做甲蟲養殖買賣的生意。

8月：盆祭 August: Obon

8月是日本的盛夏，太陽無情灑落，柏油路就像煎鍋。非得走到戶外，人的移動都會變慢。仲夏時節，大家喜歡關在家裡，吹冷氣看電視轉播高中棒球。

8月也是舉辦「お盆」（盆祭，盂蘭盆節）的月份，就是中國稱為「鬼節」的日本版。它來自佛教寓言，佛陀弟子因為死去父母在餓鬼道永受飢餓之苦，心中不忍，求助佛陀。佛陀告訴弟子，餓鬼可以在某段時間返家，他可以在這段時間內照顧他們，減輕他們的痛苦。這一傳統是隨著佛教傳入，然後與日本當地敬拜祖先的儀式混合在一起，成為盆祭。每年8月15日的盆祭是家中大事，人們多會為此回到家鄉。

在我的家族，我已故的祖母總為盆祭勞師動眾。她會為了這天特別清潔佛壇，擺上鮮花和特殊的燈籠裝飾。然後要我們這群孩子拿著燈籠、帶著蠟燭去廟宇裡的家墓。在家族墓地，我們召喚祖先的靈魂，並點燃燈籠中的蠟燭，即使在8月的陽光下也是如此。她說，這是為先靈照亮回家的路。到家後，祖母會表演一段精采的戲劇，輪流和她知道的各個祖先打招呼，歡迎他們回家。先靈會在家中待四天三夜，與生者共進餐點（在家庭祭壇上供奉幾小碟菜）。第四天，我們會引著先靈到河岸或水路，點起篝火，送他們回到安息之所。當然，這是祖母表演的高潮，像是目送先靈漂回死者的世界，祖母一一向他們告別。

盆祭期間，比較不那麼沉重的娛樂活動是「盆踊り」跳盆舞。每個地方社區都會在公共場所搭建臨時棚檯，日落之後，人們通常會穿著浴衣（用薄棉布製成的和服），隨著日本傳統音樂一起繞著跳舞。小時候，我的父母禁止我參加盆舞，說跳這舞有點色。確實有點慵懶委靡的氛圍，每個人穿著的浴衣都有些許露骨，而薄薄的布料讓舞者的身體更加柔軟。下禁令時，我還太小，根本不關心女孩。但在少年時代快過完的時候，我的弟弟設法溜出家參加了盆舞，證明自己在異性中非常受歡迎（謠言就這樣傳開了）。這件事讓我永遠不會參加盆舞，因為我根本不想被我弟弟比下去，尤其是在女生面前。

9月到11月：秋收祭典

September—November: autumn harvest festivals

日語的秋天是「秋」（aki），據說這個詞來自「厭きる」（akiru），意思是「厭倦」，因為人們希望收成多到厭倦這些食物。

農作收成後，就該慶祝了。在日本全國各地都有當地神社舉辦的祭祀活動，重點是感謝眾神讓我們豐收。如果今年收成不好，也可以在祭典中為明年的豐收祈福。

神道教的節日通常都會抬著「神輿」遶境，神轎用兩個木板固定，由男人上肩抬著。它的平均重量約為500公斤（有些重量超過一噸）。神社通常都有自己的抬轎團體，在舉辦祭典的時候，他們身著傳統服裝「法被」或「半纏」，這兩種都是外套式的短衫和服，蹻起神轎跟著遶境，充滿熱情活力。

在難以忍受的夏季熱浪後，秋季也是人們再次活躍的季節。就像「運動的秋天」或「藝術的秋天」，這類口號鼓勵人們參加活動。到目前為止，最流行的口號是「健康食欲的秋天」，鼓勵大家大啖秋天的水果。

秋天也該沉迷日本典型的另一活動：享受四季變化。有種習俗叫做「紅葉狩り」，也就是「尋找秋天的顏色」，大家到戶外欣賞顏色不斷變化的樹葉。雖然它不像春天賞櫻那樣熱鬧，但滿山遍谷也都是尋找視覺享受的人們。著名景點像長野縣的唐澤，秋天的唐澤會看到很多「帳篷村」一個個豎起，眾人都來參加這場戶外的視覺盛宴。

12月：歲末

December: the end of the year

12月在古日文中稱為「しわす」，漢字寫成「師走」，意思是「師」繁忙奔「走」。

現今12月也是繁忙的月份，商界想在年底盡可能地把事情做完，在新年過節的氣氛下是做不了什麼事的，然後短短2月一過，到了3月，會計年度就結束了。所以12月不是去日本作商務旅行的好月份。

到了月底，我們會在23日慶祝現任天皇的生日，這一天是公定假日。就像大多數新引進的西方節日一樣（例如情人節），24日的平安夜在日本被認為是浪漫的。是年輕伴侶約會的日子，餐廳會在這天厚著臉皮把價格提高。

12月30日稱為「晦日」，這天的由來要追溯到農曆，農曆每個月都是30日，所以晦日是農曆月份的最後一日。辦公室通常在30日那天或之前停工，每個辦公場所都會舉辦「仕事納め」工作收尾日，也許當天老闆會發表小演講，同事也會祝賀新年許下新願望。

12月31日稱為「大晦日」，就是「當月最後也最重要的一天」，因為它也是年底。人們回到家中，忙著準備迎接新年，要準備傳統年菜，進行大掃除，擺脫過去一年的厄運，迎接新年的好運。

除夕那天近午夜，日本所有的佛寺會敲鐘一百零八響。根據佛教教義，數字108代表人生中煩惱的數量。人們聽著激昂的鐘聲一聲一聲響，希望把煩惱一件件放開，迎接新的一年。寒冷冬夜無垠黑暗，隨著揚起的鐘聲，大家上床睡覺，關上舊的一年，迎接新年早晨。

日式生活×關鍵字80+
人生哲學・美學風尚・飲食風俗・工藝節慶・傳統創新，
領略日式生活風格，直入日本文化精髓

作　　者	矢澤豐（Yutaka Yazawa）
譯　　者	潘昱均
執 行 長	陳蕙慧
總 編 輯	曹慧
主　　編	曹慧
美術設計	比比司設計工作室
行銷企畫	張元慧、尹子麟
社　　長	郭重興
發行人兼 出版總監	曾大福
編輯出版	奇光出版／遠足文化事業股份有限公司
	E-mail：lumieres@bookrep.com.tw
	粉絲團：https://www.facebook.com/lumierespublishing
發　　行	遠足文化事業股份有限公司
	http://www.bookrep.com.tw
	23141新北市新店區民權路108-4號8樓
	電話：（02）22181417
	客服專線：0800-221029 傳真：（02）86671065
	郵撥帳號：19504465 戶名：遠足文化事業股份有限公司
法律顧問	華洋法律事務所 蘇文生律師
印　　製	成陽印刷股份有限公司
初版一刷	2020年7月
定　　價	450元

HOW TO LIVE JAPANESE by Yutaka Yazawa
Copyright © 2018 Quarto Publishing plc.
First publishing in 2018 by White Lion Publishing, an imprint of The Quarto Group
ALL RIGHTS RESERVED

國家圖書館出版品預行編目（CIP）資料

日式生活×關鍵字80＋：人生哲學・美學風尚・飲食風俗・工藝節
慶・傳統創新，領略日式生活風格，直入日本文化精髓／矢澤豐著；
潘昱均譯. – 初版. – 新北市：奇光出版：遠足文化發行，2020.07
　面；　公分
ISBN 978-986-98226-9-5（平裝）

1.文化　2.風俗　3.社會生活　4.日本

731.3　　　　　　　　　　　　　　　　　109007461

線上讀者回函